COLECCIÓN: «LA OTRA MIRADA»

ÓSCAR I. APARICIO AHEDO

OCD

Crónicas de un fraile

FONTE

GRUPO EDITORIAL

© 2024 by Óscar I. Aparicio Ahedo
© 2024 by Grupo Editorial Fonte
P. del Empecinado, 1; Apdo. 19 – 09080 – Burgos
Tfno.: 947 25 60 61

www.montecarmelo.com
www.grupoeditorialfonte.com
editorial@grupoeditorialfonte.com

ISBN: 978-84-10023-75-8
Depósito Legal: BU 437-2024

Impresión y Encuadernación:
Grupo Editorial Fonte – Burgos
Impreso en España. Printed in Spain

Diseño portada: *German Delgado*

A María Aparicio Ahedo, mi hermana,
por todo lo que hemos vivido juntos.

ÍNDICE

ÍNDICE

PREFACIO

Óscar Ignacio Aparicio Ahedo es un hombre versátil y amigo desde nuestra más tierna infancia. Nos conocimos en 1974 en el desaparecido colegio *Hispano-argentino* y con los años (1995), iniciamos nuestro camino sacerdotal. Somos amigos.

Óscar, lo mismo aparece celebrando misa en su querida iglesia del Carmen que apurando un vino en *La vieja Castilla*; dando clase de historia en la Facultad de teología que paseando con sus paisanos por las bodegas de Villahoz; disertando en una conferencia sobre la historia o la espiritualidad de la Orden carmelita en cualquier paraninfo del mundo que paseando con su gorra por la playa de no importa qué costa española.

Su versatilidad queda patente en este trabajo que me invita a prorrogar. Él no es de los que pasan por la vida con los ojos cerrados, como ciego; ni con los oídos taponados, como sordo; y menos aún, con los labios cosidos, como mudo.

Sus ojos ven. Captan la realidad. La exprime. La vive. La trasciende. Y la trasmite con su prosa fácil y su verbo ágil. Desnuda su alma. Nos ofrece sus experiencias.

Sus oídos oyen. Están atentos. Escucha. Juzga. Critica. Apoya. Anima. Y ama. Entrega la vida.

Y porque desea, de igual manera, que su boca no permanezca sumida en un cómplice silencio, se ha sentado frente al ordenador para esbozar estas páginas que no son, como él mismo insinúa, ni su autobiografía, ni el libro de sus memorias. Pero contienen su vida, que expone por si puede ayudar a vivir en abundancia.

Sin embargo, el rumbo incierto de nuestra existencia puede cambiar en cualquier momento. Óscar lo ha sufrido y padecido. Dios nos desconcierta a veces en su admirable providencia. La enfermedad y muerte de nuestra querida Marta, su hermana, ha supuesto un fuerte revés en su vida. Pero *Oscarín* no es de los que quedan tendidos sobre la lona tras encajar el golpe recibido. Se ha levantado con más fuerza, con más ganas de vivir y más ansias de contagiar vida.

Por eso nos regala estas «capturas de pantalla», estas imágenes vibrantes y luminosas. Para invitarnos a reflexionar, a meditar, a pensar, a rezar, a vivir. Incluso a Teresa de Jesús, la Santa, le costaba orar sino tenía delante de su mirada una estampa con una imagen (*el mira que te mira*, tan teresiano).

Nos queda, por nuestra parte, agradecer sus experiencias. Algunas nos resultarán familiares, por conocidas o compartidas. Otras nos abrirán horizontes. Las que despierten admiración o incluso envidia, servirán de estímulo. Las que nos muevan a reflexión profunda nos acercarán a la sabiduría. Las que nos inviten a la conversión nos harán más santos.

Animo al lector a sumergirse en esta obra no sólo para conocer al padre Óscar detrás de sus títulos y sus logros, sino para

«Dichosos vuestros ojos porque ven,
y vuestros oídos porque oyen»
Mt 13, 16

descubrir el legado de alguien que ha sabido conjugar la espiri-tualidad con el pensamiento crítico y la enseñanza con el servicio.

Gracias, valiente. Gracias, Óscar. Muchas gracias. ¡Enho-rabuena! Nos ayudas a comprender el presente para soñar el futuro.

ÁNGEL OLALLA MARTÍN

PRÓLOGO

La percepción es la aprehensión o captación sensorial de un complejo de datos sensibles. Esta definición la aprendí de memoria con mis 16 años en 3º de B.U.P., en clase de filosofía. Nunca la he olvidado y el día que lo haga, mi memoria estará en esa fase de *caput*. Y esto es lo que hago en estas crónicas: contar, tal y como he vivido, desde mi propia subjetividad, hechos que me han ocurrido en mi vida. Lo que he visto y oído. No sé si es un libro de relatos, de hechos unos graciosos y otros no tanto. Pero es mi vida. No cuento todo lo que me ha pasado, hay cosas que es mejor no relatar. Pero muestro un poco de todo y todo desde la óptica de un creyente. Creo en Dios y gracias a Él y a mi esfuerzo y a mi debilidad, soy lo que soy.

Reconozco que la enfermedad y muerte de mi hermana Marta han hecho que en mi vida haya un antes y un después. Ella ha sido el detonante de que ponga por escrito algunos de los pasajes de mi vida. Unos están escritos al momento de suceder y otros los he ido escribiendo con el paso de los años. Marta era mi hermana del alma, mi paño de lágrimas y yo de ella; la persona con quien mejor me entendía en este mundo. Y ya no está en él. Está con Dios y desde allí, eso espero, me alienta a que desnude un poco mi alma.

Agustín de Hipona escribió sus *Confesiones*. Mi querida Madre Teresa, la de Jesús, escribió una especie de autobiografía que se llama el libro de la *Vida*. Obligada por sus confesores y porque ella estaba deseosa y ansiosa de narrar parte de su vida y de su experiencia con Dios. Yo no soy capaz de tanto. Lo mío es más de andar por casa, pero son mis experiencias, siempre desde mi condición de fraile sacerdote del Carmen Descalzo. Si a alguien le sirve para reflexionar sobre Dios y sobre lo que significa ser cristiano, pues me sentiré contento…

No es una autobiografía, ni un libro de memorias. Son relatos percibidos por mí y espero que de ellos se puedan sacar experiencias cristianas de muchas cosas: la vida, la muerte, la infancia, el poder, los seres humanos… Puede ser leído como una novela por entregas, como una meditación sobre algún tema. No sé. Yo escribo para plasmar lo que he vivido y si puedo ayudar, pues mejor que mejor.

He tenido la suerte en mis casi 55 años, 30 dicen que aparento, parafraseando a Joaquín Sabina, de haber sido un poco de todo. Profesor varias veces y en lugares distintos. He trabajado pastoralmente como vicario parroquial, en Santa Cruz de Tenerife y en Oviedo, llevando la pastoral de niños y jóvenes. Realicé el servicio militar en Las Palmas de Gran Canaria como soldado presbítero. Estuve seis meses en la capital más alta del mundo, La Paz (Bolivia). He trabajado como archivero de la Orden en Roma y en al Archivo Silveriano de Burgos. Ahora soy profesor universitario, director del Grupo Editorial Fonte y director de una revista científica: *Monte Carmelo*. He desarrollado muchos trabajos y en muchos lugares diversos. Y soy escritor y conferenciante. De todo he aprendido y en todos los trabajos me he desarrollado como persona, sin olvidarme nunca de que soy carmelita descalzo.

Recuerdo que, siendo estudiante de Historia en la Universidad de Oviedo, un profesor me preguntó que qué era eso de ser fraile. Yo le dije que éramos hermanos que vivíamos en comunidad bajo una norma de vida. Y que muchos de los frailes, en el caso de mi Orden, éramos también sacerdotes. Digo esto porque el título es *Crónicas de un fraile*. Siempre me he sentido un fraile que celebra y preside los sacramentos. Pero soy antes fraile que sacerdote o cura. Esa palabra, la de cura, es preciosa. Curar significa cuidar. El que cuida y se preocupa por sus hermanos, por la gente, por todas las personas. Espero que estas palabras sirvan para curar y cuidar la vida de las personas que se acerquen a estas letras. Hay homilías, reflexiones, anécdotas, artículos de opinión; son mi vida y espero que esta lectura os ayude algo en vuestra vida.

Estas son mis historias, mis crónicas… las de un fraile.

Escribir

Sí, plasmar lo que piensas, ves o sientes en un papel[1]. Puede ser una profesión, o una diversión, o una necesidad. O un poco de las tres cosas. Hoy quiero reflexionar sobre ello a lo largo de mi vida. A mí me enseñó a leer y a escribir mi padre, mecánico de profesión y lector por diversión. Cuenta, sinceramente no me acuerdo, que era un poco duro de mollera… y en mi época la letra entraba, todavía eran los años setenta del siglo pasado, con un poco de sangre… No debió ser mucha, porque lo de leer siempre me gustó… *Tintín, Asterix y Obelix, Mortadelo y Filemón* y demás tebeos… Ir a la Biblioteca Pública de Burgos era un bello juego… de niños. Mi primer premio me lo dieron por que dictaminó el maestro que yo era el que mejor leía de la clase. La lectura y la escritura van muy unidas.

Luego el Seminario. Ahí aprendí a escribir cartas. Curioso, cartas que mi padre no entendía y que decía que tenía que mejorar y mucho… Gracias a mi madre, se conservan en casa y la verdad es que, a día de hoy, yo las entiendo. Pero a mi padre no le gustaba mi forma de escribir.

Recuerdo los exámenes. Los profesores decían que no escribiéramos mucho. Yo siempre me lo tomé al pie de la letra… posteriormente me decían, eres sintético. Parece que sabes más de lo que escribes, buena táctica…

---

[1] Esta crónica la medio escribí después de que me censuraran la nota que escribí, y que aquí inserto, sobre la toma de posesión del obispo de Roma, el Papa Francisco. Nunca una censura dio para tanto.

Luego, universidad eclesiástica y civil. Casi siempre el primero en terminar los exámenes escritos. Yo lo que sabía lo ponía rápido en el papel, a veces, hasta hacía tiempo… para no ser demasiado veloz. Porque en la vida como en las letras, una cosa es lo que te dicen y otra la que piensan… eso lo aprendes con los años… si es que lo llegas a aprender.

Y después mis primeros libros. Todavía tengo presente, el comentario de un Provincial, Óscar tienes que mejorar… lo de escribir no se te da bien… Perplejo, le contesto, pues me han dicho que mis libros se leen bien. Color rosado de mi interlocutor… no, tú…; si, yo… Todavía no sé, si lo dijo porque pensaba eso, porque otros lo pensaban, o por fastidiar… con perdón y sin él.

Y lo he resumido todo muy fácil y rápido, como lo exámenes que hice en el pasado. Las crónicas del Papa, la fumata, la embajada de España y la primera misa solemne del Papa Francisco en la Plaza San Pedro. Las escribí porque me lo pedía el cuerpo. Para reflejar lo mejor posible…siempre se quedan muchas cosas en el teclado y en la cabeza… lo que había sentido. Y lo he vivido, y pongo a Dios por testigo, como un hombre de fe, carmelita descalzo y sacerdote de Cristo. Y lo he plasmado… y cuál es mi desilusión, cuando ante la crónica de la misa Solemne de la toma de posesión del obispo de Roma, me dicen que no, que para una página web de la Orden no está, no vale. Vamos, que puedo escandalizar a la gente. Me ha dolido y mucho. Yo cuando escribo lo hago tal y como soy. Pensando en lo que he vivido. Ahora entiendo eso de que las palabras duelen más que los golpes. Ahora comprendo a aquellos que escribían y eran censurados, algunos hasta tuvieron que pasar por el Tribunal de la Santa Inquisición… Otros, vieron estampadas sus obras en el más allá, porque acá no les dejaron… el mejor poeta de lengua hispana, el santo Juan de la Cruz… nunca vio impresas ni sus poesías ni sus narraciones espirituales…

Pero, amigos y hermanos, estamos en pleno siglo XXI. Gracias a Dios, parece que la Iglesia apuesta por un Pastor sencillo y humilde y que tiende puentes. Ojalá que sea así también en nuestro pequeño mundo... y que uno siempre pueda expresar y plasmar lo que siente y ve, siempre que lo haga sin ofender a nadie, u ofendiéndolo. Porque qué hizo Jesús de Nazaret durante toda su vida. Plasmar con sus palabras y hechos lo que sentía. Bueno, Él no lo hizo lo hicieron sus testigos, los llamados evangelistas.

Mi infancia

Nací en una ciudad levítica y castrense. Esto lo supe siendo más mayor. Curas y militares había en esa época a porrillo. Me parieron en las «trescientas camas». Así se llamaba el antiguo hospital de Burgos. Soy el segundo de cuatro hermanos. Dos niños, los mayores y las niñas, las pequeñas, en mi infancia y primera juventud, mis hermanas eran *las niñas*. Mi hermano mayor se llamaba Juan Alberto y nació un 24 de junio de 1969, dos años después de que mis padres se casaran. El mismo día de san Juan. Por una negligencia médica, mi hermano quedó subnormal profundo, perdón por la expresión, pero así, de niño, tenía que explicar yo a mis amigos y compañeros de clase la enfermedad de mi hermano. Luego, leyendo a Delibes en los *Santos Inocentes* recordé al matrimonio que custodiaba la finca del señorito y el hijo que cuidaban con mimo. Esta figura literaria de Delibes siempre me recordó a mi hermano. Me cuentan que yo jugaba con él, y que Albertito, así le llamábamos todos en casa, me pegaba buenos mamporros, no controlaba su cuerpo, apenas veía, y me daba buenos golpes… yo nunca, eso me dicen, le respondí con un ojo por ojo, diente por diente… Estoy seguro, ya con mis canas, de que mi hermano me enseñó a ser compasivo y misericordioso. Ante el dolor ajeno me quedo paralizado y trato de dar lo que puedo. Una sonrisa, una caricia, algo que pueda reconfortar a los que sufren. Recuerdo su muerte. Fue en febrero de 1979 o 1980. Recuerdo el hecho, no la fecha exacta. Yo llegué de la escuela, el *Hispano argentino*, y fui para mi casa. Siempre recuerdo que, al entrar en el portal, por el olor, sabía lo que estaba cocinando mi madre. Subí al segundo, me abrió la puerta mi madre y me dijo que fuera a buscar a mi padre, pues el *Albertito* o estaba muerto o se estaba muriendo. Encontré a mi padre en el bar. Hice de recadero y subió a toda pastilla. Le vi tendido en la cama y así me despedí de él. No hubo lágrimas. Fui plenamente consciente del hecho, pero en mi interior agradecí que Dios se lo llevara y dejara de sufrir. No era un niño como yo y eso me dolía. Yo siempre quise tener un hermano mayor que me defendiera en el cole. Y el pobre Juan Alberto no me podía defender, pero yo sí que podía jugar con él y aprender con su vida algo que nunca olvidaré que a los enfermos hay que cuidarlos y visitarlos. Fue mi primer encuentro con la muerte.

Mis hermanas se llaman María Paz, la mayor, como mi madre e Inmaculada Marta. El primer nombre le viene porque nació un 8 de diciembre de 1976. La mayor nació dos años antes, un 7 de diciembre de 1974. Recuerdo perfectamente cuando nació Marta. Todavía vivía Juan Alberto. Yo tenía seis años y medio. Era Navidad y mi padre, antes de que fuera al cole, me dijo que había tenido una hermanita, yo pensé que hubiera sido mejor un hermano varón… ¡Qué equivocado estaba! Siempre daré gracias a Dios por el regalo de estas dos hermanas. Tan diferentes la una de la otra, pero tan hermanas. Con ellas aprendí a ser más mayor y responsable. Tenía que ir a recogerlas al cole, el otrora *Generalísimo*, ahora *Río Arlanzón*. Recoger a Marta era muy fácil. Ella, pizpireta, estaba siempre esperando a su tato, y cuando me veía, corría a darme la mano y a contarme con lengua de trapo todo lo que había aprendido en el cole. A María tenía que buscarla… Alguna vez fui a casa con solo la pequeña, María se había ido a su bola. Algún disgusto me causó el no traerla de la mano. María era muy retraída y Marta todo lo contrario. Pero las dos me agarraban fuerte la mano e iban cantando y jugando a mi lado. No sabía yo, con el pasar de los años, que estos han sido de los momentos más felices de mi vida. Algunos compañeros del cole se burlaban de mí por ser el niñero de mis hermanas. Yo no decía nada. Era mi misión y era muy feliz con ellas de mi mano.

Las manos de mi abuelo

Tuve la suerte, en mi niñez, de compartir mi vida con mi abuelo Félix. Él era guardia civil retirado. Siempre digo que era muy alto para su época, más de 180 centímetros. (Yo en esto he salido a mi abuelo paterno…). Los niños que hemos vivido con nuestros abuelos hemos aprendido, al menos es mi caso, a respetar y admirar a las personas ancianas (él me repetía una y otra vez, como hacen los abuelos, que las personas son ancianas y las cosas viejas…).

En mi mente, y hasta en los recuerdos táctiles, están las manos de mi abuelo. Manos sarmentosas, parafraseando a Teresa de Jesús. Sus manos parecían como hechas de raíces de árboles… Eran largas y secas, la piel ajada y se veían todas las venas como los scaletrix de las grandes ciudades. Pero era el niño más feliz del mundo cuando mi abuelo me llevaba al *Morco*, allí estaba la Comandancia de la Guardia Civil. Allí le saludaban como Señor Ahedo, y yo pensaba que mi abuelo era muy, pero que muy importante. Luego supe que sólo (que no es poco) era un simple guardia civil. Allí sus compañeros y colegas me explicaban los grados militares, me dejaban jugar con sus tricornios… y alguna que otra vez me invitaban a un refresco en la cantina. También recuerdo el barbero que me cortaba el pelo y la cuchilla que me pasaba por el cuello y que era algo agradable y desagradable a partes iguales y que me producía cosquillas, y hacía que me moviera mucho… y voz de mi abuelo… y quieto. Quizá, he aprendido esto después, la vida sea y produzca en el cuerpo y en el alma la sensación de la cuchilla que me rasuraba el cuello cuando niño…

Mi abuelo también iba a Misa. Sólo echaba una peseta en el cestillo. Cuando era más pequeño me llevaba a la que luego se convertiría en mi casa: *El Carmen*. Y yo, cuando volvía, decía a mi madre: he estado con la Carmen y la Merced... mi madre me sonreía, y contaba a todos mi ocurrencia. Una vez llegué a casa sólo y desconsolado, llorando a lágrima tendida y gritando: *¡Mamá el abuelo se ha perdido...*! Y ella, un poco asustada, mientras me acariciaba, me decía que el abuelo estaba en casa y era yo, el que me había soltado y perdido de las manos de mi abuelo. Los niños ven el mundo de forma diferente... ¡Qué tragedia para un niño de seis años (circa) perder a su abuelo!

Mi abuelo me contaba batallitas. Como debe ser. Él de niño y chaval era pobre, muy pobre... huérfano desde muy pequeño. Hizo de zagal de un pastor con pocos años y éste le maltrataba. Compró la mili a un rico del pueblo y se fue a África (matadora de españoles... era uno de los cantos que, con su bella voz, el abuelo me cantaba...). Estuvo en el Cuerpo de Regulares, me decía, con chilaba y todo; me explicaba que era una capa con la que se cubrían los moros. Padeció la Guerra de Marruecos, conoció al que luego sería el Generalísimo y a otros que luego mandaron en España... Él nunca me lo dijo, la vida me lo ha enseñado después, era carne de cañón... Me contaba siempre la misma historia: que, luchando, sintió que un mosquito grande le entraba por el cuello y salía, y luego sangre, mucha sangre y una camilla y una conversación que se le quedó grabada hasta los tuétanos. Decía el médico: *este es el sargento de Regulares, Ahedo, me parece que está muerto*. Y mi abuelo, tendido y exhausto, pensaba: *pues yo creo que no estoy muerto...* Y, gracias a Dios, así fue... tuvo mucha suerte, la bala entró en el cuello y no le mató. Luego volvió por Canarias, la Península... (siempre me decía que había pasado por todas las provincias de España, menos dos... no recuerdo cual no había visto...). Luego llegó al pueblo y se casó con una mujer, mi abuela Justa, mujer enferma, pero con recursos. Tuvieron seis hijos, de los que cinco llegaron a la edad adulta, entre ellos, mi madre. Ya, de todos mis tíos maternos, solo queda viva mi querida madre.

Mi abuelo, como lo son los niños y como lo somos todos, era un poquito egoísta. Escuchaba sentado en su butaca la radio, que era roja y estaba atada con una goma. Le gustaba oír el *parte* (así llamaba a las noticias); yo creo que él pensaba que estábamos siempre en guerra. Y si yo ponía la tele para ver dibujos o algo que me gustara, él, al no escuchar bien su vieja radiola, se ponía en postura lastimera, su cabeza calva apoyada en su mano sarmentosa y daba unos leves quejidos, para hacerme ver que le dolía la cabeza. Luego me lo decía y me pedía que apagara la tele. Yo le preguntaba si estaba mal. Él, con voz de pena, me decía que sí y tenía palabras cariñosas para mí (era su estrategia…). Y yo solía contestar que se fuera a su cuarto… Ahí, el bueno del guardia, me llamaba de todo y se reía de mi condición de seminarista. Y apostillaba que yo nunca sería fraile…y que qué poca educación tenía. Se levantaba con su cuerpazo y lentamente se iba refunfuñando a su cuarto o a la cocina… Eran las peleas cotidianas de abuelo y nieto.

Recuerdo que cuando veía al rey o escuchaba el himno nacional, se ponía de pie, en posición de firmes y con un respeto sacrosanto escuchaba nuestro himno patrio. El discurso del rey por Navidad nunca se lo perdía y lo escuchaba de pie y en posición de firmes. Qué respeto tenía por la autoridad. Mi madre añadía que igual con Franco que con el Rey, que ellos eran los jefes del Estado Español… Luego me contaron que durante la Guerra Civil no dejó pasar un camión de estraperlo en el pueblo donde era comandante de puesto (a mí me parecía el cargo más importante del mundo mundial…). Mi madre apostillaba que ellos, sus hijos, pasaban hambre, pero que él no podía, no entraba en su cabeza, hacer algo que fuera contrario a la ley. Era un hombre recto.

Luego, como ya he dicho, se hizo Guardia Civil. Y aprendió a leer y escribir en edad adulta. Todas las tardes, ya de anciano, se las pasaba en el Bar Mayoral, con un vasito de vino, el periódico y un par de barquillos que llevaba en la chaqueta y que disimuladamente comía... Más de tres horas con el diario y un vasito de vino. ¡Cliente de lujo! Era tacaño, como para no serlo, había pasado hambre, mucha... Y mientras contaba su buena pensión decía, cuando podía no tenía y ahora que tengo no puedo (se refería a comer). Siempre recuerdo una jugarreta que me hizo. Mi padre tenía un jarrón muy bonito y en él metía pesetas para que pesara más y no terminara en el suelo... Mi padre notaba que las monedas bajaban... preguntó a los posibles ladrones... yo dije que no y mi abuelo dijo que era yo... Yo juré y perjuré que no era... Mi padre hizo varias marcas en las monedas... y mi madre, explorando el monedero de su padre (siempre le llamaba padre...) vio que era el abuelo el que cambiaba las monedas de sitio...

Murió en casa de mis padres el año que yo hice 18 años, a los pocos días de cumplirlos. Él había nacido con el siglo y presumía de ello. Las manos de mi abuelo, sus enseñanzas, han hecho que lo que hoy soy, en una no pequeña parte, sea gracias a él y a los ratos que juntos compartimos. Todavía guardo esa sensación al dar la mano de mi abuelo de ternura, calidez, firmeza... ¡Qué importantes son las manos de un abuelo para un niño!

El Seminario El Carmelo

En septiembre de 1981 fui a dicho lugar. Era un niño de 11 años. Todavía permanece fiel en mi memoria los lloros y lamentos de mi hermana Marta: Me agarraba y llorando con sus casi cinco años y su bonita voz de trapo, gritaba: *Yo me quiero ir con el tato, con el tatito*. Estas palabras las tengo clavadas en mi alma, y más clavadas aún si cabe, después de su muerte. En los primeros días y meses de mi duro duelo por ella, las decía en mi interior al revés: *Yo me quiero ir con mi tatita* (Lo estoy escribiendo y ya no me surcan las lágrimas el rostro… y esto es bueno).

Íbamos al Seminario desde Burgos a León por aquella carretera de los lejanos años ochenta del siglo pasado, en aquellos autobuses casi mitológicos. Más de cuatro horas de largo viaje. Llegábamos casi al anochecer a la que sería mi casa por nada más y nada menos que seis años.

Lo primero que me impresionó fue lo grande que era aquello. De hecho, las primeras Navidades que pasé en casa de mis padres en mi primer año de seminario, al entrar en casa espeté: *¡Qué pequeña es nuestra casa!* Al poco de llegar, ya me enteré de que los nuevos, fueran del curso que fueran, eran *pinches*. Yo era uno de ellos. Los mayores se reían de ti y te acribillaban con esa palabra… También tenían derecho a hacerte novatadas. Cuando llegué al Seminario era el más pequeño, junto con otro compañero éramos los pequeños, los peques. En León tienen la costumbre de terminar muchas palabras en «in» y yo pasé a ser *Oscarín*. Así también me llamaba mi querida tía Angelines, pues era leonesa. A día de hoy, todos los que estudiaron conmigo me conocen por *Oscarín*. Aunque les da reparo llamarme así. A mí, aunque no se lo digo, me gusta que me sigan conociendo por *Oscarín*. De hecho, todos mis libros están firmados con Óscar I. Soy Óscar Ignacio. Pero ese Óscar I. es un homenaje al *Oscarín* de aquellos tiempos.

El dormitorio era corrido y estábamos todos mezclados. Y luego teníamos una camarilla que debíamos de compartir con otro compañero. En 8º de E.G.B. me tocó compartirla con el bueno de Pipa, la nuestra siempre fue el ejemplo del desastre de un armario. Al final los frailes se lo tomaban con guasa el día que había revisión de camarillas, y nosotros dos, con resignación, no sé si cristiana.

Seis años en un Seminario dan para contar muchas anécdotas. Todavía tengo en mi memoria los 21 que iniciamos ese curso en 6º. Nos conocíamos o por el mote, o por el apellido, o por el lugar de nacimiento. Si eras gordo, te llamaban *el bolas*, si llevabas gafas… En mi curso, a día de hoy, había dos motes que eran bonitos. Uno era el Chirimbolo, (objeto de forma extraña que no se sabe cómo nombrar); otro Cubillas, pues era natural de Cubillas de los Oteros. Otros, como ya he dicho, por algún defecto físico o por que se parecían a alguien. En mi clase estaba el bolas (había dos); el napias, el gominolo, doña Rogelia, el indio, el oso, el cabezón… así hasta veintiún motes. Yo tenía uno no muy agraciado, pero me lo había ganado a pulso en un concurso clandestino en un estudio entre todos los chavales. Era el pedo, pues gané un concurso o competición de expulsión de gases… y no lacrimógenos. ¡Ya lo he dejado escrito…! Siempre me avergoncé un poco de este mote, pero me lo gané a pulso en aquella competición clandestina. Era el pedorro, luego he visto que esta palabra tiene otras acepciones… siempre negativas.

Si algo aprendí en el Seminario fue a defenderme con la palabra. Yo era el más pequeño y no tenía mucha fuerza. Así que tuve que aprender a defenderme con la lengua. El sarcasmo, menos, y la ironía, más, han sido siempre mis armas defensivas. A mamporros me ganaban casi todos, con la lengua casi nadie. Esto me ha ayudado, y mucho, en mi vida posterior. O espabilabas o la vida se te complicaba. La vida en el Seminario, al menos en el nuestro, te servía para saber lo que era la lealtad, la amistad, el compañerismo. Había códigos que no se debían romper nunca. Ser el chivato de los frailes estaba prohibido. A veces se producía el famoso *bullying,* el acoso de nuestros días, existía. Los frailes luchaban contra él, pero los chavales éramos chavales y a veces existía ese acoso.

Yo tengo una anécdota que se me quedó clavada en el alma. Examen final de Física y Química en 8º de E.G.B. Las ciencias nunca fueron mi fuerte. Gran profesor, el señor Rojo. Me mira el examen y salta *número 2*, (algunos profesores nos conocían por el número de lista) era mi posición en clase: tienes ya un cinco. ¡Estás aprobado! ¿Quieres seguir, por si sacas más nota? Respondo: sí. Detrás tenía a un compañero, bueno lo de compañero es mucho decir, que empezó a pedirme que le pasara el examen. Y me dije, *Oscarín*, ya estás aprobado, vete y que luego sea lo que Dios quiera. Me levanté y le dije al Sr. Rojo, ya he terminado. Él se reía, como diciendo ya me extrañaba a mí que tú quisieras más nota… Lo que él no sabía es que el de atrás me estaba poniendo en problemas. Salen todos del examen. Yo estaba en el patio nervioso y el otro, que era más grande y más fuerte que yo, empieza a correr detrás de mí. Le salía la espuma por la boca. Nunca he corrido tanto. No me alcanzaba. Después de unas buenas carreras y de ser el centro de atención de todos los compañeros… el P. Trueba toca el silbato, una, dos, tres… Muchas veces. Él no paraba de correr, yo tampoco. Se acerca el bueno de Trueba y me pregunta, ¿qué pasa *Oscarín*? Pasa que éste me quiere partir la cara, porque no le he chivado en el examen de Física y Química. Zas tortazo, y de los buenos a mi querido compañero. Y una muy seria advertencia al zarandeado, si tocas a *Oscarín*, prepárate. Y yo miré agradecido a Trueba y con una mirada llena de aplomo a mi perseguidor, sin decir nada, le dije todo. Si me tocas un pelo voy a chivarme al padre. No me tocó. Y luego por avatares del destino le tuve que ver ya siendo padre carmelita. Nunca se me olvidará aquella escena.

Y ahora, mientras estas líneas escribo, me toca vivir con algunos frailes, que fueron formadores míos. Hay uno que era un joven sacerdote carmelita y, que, con razón, me dio capones por activa, pasiva y perifrástica. Imagino que ganados a pulso. Mi cabeza el primer año quedó un poco abollada en *El Carmelo* y os aseguro que esto no es retórico, ni una figura literaria, es la verdad. Capón por hablar, por moverte, por llegar tarde, a veces hasta por respirar. Eran otros tiempos. Gracias a los capones aprendí la importancia de la Misa. Estábamos en una de ellas y yo con otro compañero, que luego fue un atleta famoso, Isaac Carlos Viciosa Plaza, nos pasamos la consagración hablando y haciendo el tonto. El fraile, al terminar la Eucaristía, dijo que fulanito y menganito se quedaran en la capilla. Éramos nosotros dos. Nos echó una bronca de padre y señor mío. Gracias a ella, no se me ha olvidado nunca de que la Consagración es el momento más importante de toda celebración eucarística.

Seis años dan para mucho. Pero no tengo ganas de escribir más anécdotas. A día de hoy cuando nos reunimos los que llegamos de Burgos hasta 3º de B.U.P., y han pasado muchos años, sigue habiendo mucha amistad y conocimiento de los unos con los otros. Fueron unos años que forjaron nuestros caracteres y nos ayudaron a ser lo que hoy somos. La amistad de la infancia, adolescencia y primera juventud deja un poso en el alma de cada uno de nosotros que no se olvida nunca. Luego la Mili y otras experiencias apenas son nada en comparación con los seis años en el Seminario.

Mi ordenación sacerdotal

Hay fechas muy importantes en la vida de un fraile. Toma de hábito (15-IX-1988), primera profesión (14-IX-1989), profesión solemne (10-XII-1994), diaconado (25-III-1995) y la ordenación sacerdotal (29-VII-1995). Acabo de poner el día exacto y me impresiona el comprobar que las tengo grabadas en mi memoria y en mi corazón. Sin pensarlo mucho han ido siendo escritas… Todos estos días han sido muy importantes para mí. Pero, quizá, la más imborrable sea la de mi ordenación sacerdotal. Fue el último sábado de julio a las cinco de la tarde. Antes de la celebración y después de ducharme tenía la radio encendida… Y estaban haciendo una entrevista a dos paisanos del pueblo de mi padre y también un poco el mío: Villahoz. Federico y otro, no recuerdo el nombre, hablaban de las formas de tocar las campanas. Y, decía Federico que mañana tocarían a Gloria y durante mucho tiempo, porque un gerbero, –así se llama a los nacidos en Villahoz–, iba a decir la primera misa en la Villa. Me emocioné. Pensé como mis paisanos estaban felices porque uno de su pueblo iba a ser ordenado sacerdote.

La ordenación fue presidida y oficiada por Monseñor Braulio Sáez García, burgalés de Quintanaloranco y obispo titular de Oruro en Bolivia. Nervios en la sacristía, procesión y celebración. La homilía muy cercana. Han pasado muchos años, más de 29 y aún recuerdo la sonrisa de Braulio y el mensaje de su homilía: podíamos ser considerados locos por querer ser sacerdotes en este mundo… pero que era una bendita locura poder llevar a Cristo a todos los hombres. Éramos cuatro, vivimos tres. Dos eran ya maduros, mi otro compañero de 29, y yo, con mis 24, al día siguiente cumplí 25, era el más joven. La liturgia de la ordenación presbiteral tiene mucho de juramento feudal y de vasallaje de los ordenandos al obispo. Postrados en el suelo, mientras las letanías, y de rodillas delante del obispo en los ritos principales: la imposición de manos, la unción de las manos con el crisma y la entrega de los Evangelios. Después de la imposición de manos del obispo, hacen el mismo gesto todos los presbíteros, en este caso eran muchos, no me acuerdo del número exacto, pero podían ser más de cincuenta. Un fraile ya mayor, el P. Luis Antonio Alonso Arce, presionó mi cabeza de tal modo, no sé si por la emoción, o para asegurarse que el Espíritu Santo se posase en mi cabeza… que me provocó un ligero dolor de cabeza. De todos los ritos recuerdo el de la unción sacerdotal de mis manos. Braulio no se cortó y me embadurnó las manos de aceite. Entre risas, después de la ceremonia, me dijo que lo hizo para que se viera bien el signo… y para que fuera sacerdote para siempre. Y al final de la celebración el besamanos. Todos te besaban las manos con reverencia. El gesto me dejó emocionado… Y al final, parece que no se iba acabar nunca… Otro misacantano y ya sacerdote de hacía pocos días, me dio un sabio consejo. Óscar eres muy expresivo y al final se te notaba cansado… Tienes que hacer de tripas corazón y saludar con cariño a la gente que besa tus manos. Qué muecas y gestos haría para que el bueno del P. Paul me dijera esto. Y es verdad y es un rasgo de mi forma de ser, mi cara siempre expresa lo que estoy sintiendo. A veces es bueno: otras como, en este caso, no tanto.

Al día siguiente celebré mi primera misa en la catedralicia iglesia de Villahoz. Estaba todo el pueblo, las campanas sonaron como nunca… Yo nervioso como un flan, pero celebré mi primera misa con mucha dignidad. Allí estaban todos. Estaba hasta el bueno de Licerio, un anciano, al que siendo yo mozo le ayudaba de vez en cuando. No pisaba la Iglesia, nunca. Tenía sus motivos. Había sido represaliado en época franquista y salvó el pellejo de milagro. Pero él estuvo allí y se lo agradecí enormemente. Luego, con el paso de los años, murió y yo celebré su funeral. La Iglesia siempre abierta a todos, sobre todo para tratar de sanar las heridas. Y las de Licerio eran muy profundas… y razonables. Después la celebración en los aledaños de la Ermita. Fue un día muy feliz. Y muy casero, nada de restaurantes, todo en familia y con la familia, la de carne y la otra.

Cuando estoy cansado y agobiado, me vienen a la mente las palabras de Braulio: celebrar la Eucaristía con la misma felicidad de este día, a pesar de los baches y cansancios. Yo muchos días me acuerdo de ello y trato de seguir el sabio consejo del bueno de Braulio.

Ser sacerdote carmelita es lo mejor que me ha pasado en la vida. Siempre me he sentido realizado y contento de serlo. Es mi vocación, aunque yo no siempre haya correspondido a este ministerio como debiera. Pero siempre he tratado, en lugares hasta inverosímiles, de mostrar mi ser sacerdote carmelita.

Historias de la Mili

De diciembre de 1997 a julio de 1998 hice el servicio militar como soldado presbítero. Tengo muchas anécdotas, demasiadas, como muchos de los españolitos que se hicieron unos hombres en la mili… Cuando finalizamos la instrucción, nos enseñaron a desfilar y poco más. El día de antes de la Jura de Bandera, el arzobispo Castrense nos dio los destinos. Todos los curas tenían enchufe, menos yo y mi buen amigo desde nuestra más tierna infancia: Ángel Olalla. Él fue destinado a la Legión y yo a Infantería de Marina. Recuerdo que me enfadé y mucho y eché una soflama enérgica a mis compañeros curas que hacían la mili conmigo. Les vine a decir que si no les daba vergüenza el buscar un buen puesto… Después por medio de mi padre, un general de división, –nadie tenía un conocido de tanta graduación–, llamó al arzobispo castrense para ver si me podía enchufar. Ya era tarde, pero el día que nos dieron los despachos, el arzobispo me buscó y habló conmigo y me dijo que si el general le hubiera llamado antes me hubieran dado el destino que hubiera querido.

Me destinaron a Las Palmas de Gran Canaria. Yo vivía en Santa Cruz de Tenerife, y fui a parar a Infantería de Marina, la AGRUCAN. Tenía como jefe a un páter coronel D. Jesús. Me trató bien. Todos los días tenía que celebrar en la Casa del Almirante la Misa para su mujer, la almiranta. Aquello me parecía un poco o un mucho de película de Fellini. Conocí al teniente coronel Yáñez que me trató con mucho cariño y consideración. Nos hicimos muy buenos amigos. Yáñez llegó a coronel y debiera haber conseguido el ser general. Me hubiera gustado cuadrarme delante de él y espetarle con mi sonrisa irónica *a la orden de su vuecencia mi general*. No pudo ser. Unos desagradables acontecimientos lo impidieron. Él fue el segundo de a bordo cuando se contrató el Yak-42 (26 de mayo de 2003), avión que se estrelló en Turquía. En dicho accidente murieron 75 personas. Los políticos culparon a los militares. Yáñez me dijo que con el dinero que tenían no podían contratar otro avión. Mi querido amigo me contó muchas cosas, demasiadas sobre aquel hecho y yo sólo puedo decir lo que saben todos sus compañeros: que Yáñez era un buen hombre y honrada persona. Que él había obrado en conciencia. A partir de este fatal hecho, ya pudo el ejército alquilar aviones más seguros. ¡Manda huevos! El ya coronel Yáñez sufrió mucho por este hecho. Murió de un infarto letal mientras cuidaba de su anciana madre el 15 de noviembre de 2011. Descansa en paz leal y honorable infante de marina.

Ser cura y hacer la mili era algo inusual. Recuerdo cómo había un brigada que siempre me estaba midiendo. Un día quiso discutir conmigo sobre teología. Me espetó, *¡un yo sé más de teología y de Dios que usted, páter!* Le contesté con un enérgico: *¡Enhorabuena, mi brigada!*

Otra vez un soldado de remplazo se me acercó yo –iba con el Páter coronel– y me dijo: *Páter, yo veo a Dios*. Le pregunté antes o después de fumar porros. Las carcajadas del Páter coronel retumbaron en todo el barranco de Guanarteme.

También fui de maniobras. Ahí, el jefe era el teniente coronel Yáñez. Gracias a nuestra amistad, pude ver la isla de La Palma en helicóptero. El capitán quiso que los tripulantes todos mandos de infantería de marina, uno de los cuerpos de élite del ejército, pasaran un poco de miedo. Hizo muchas cabriolas con el helicóptero. Yo lo pasé mal, sobre todo al final. Picó nubes, puso el aparato casi patas arriba… Al salir, se acercó a mí el piloto y me preguntó con mucha ironía: *¿Páter, le ha gustado el viaje? Ha sido un viaje de placer, vamos de obispo.* Yo le respondí que no quisiera ir con él en un viaje de monaguillo. Todos los mandos se rieron de mi respuesta, sabedores de que el viaje había sido peligroso. Estando en Lanzarote Joaquín, en los ratos libres, me enseñó la isla. Un día comiendo en la cámara de oficiales, el capitán Arévalo riéndose, dijo que la tropa pensaba que el páter era el segundo de a bordo. Yo le respondí que la tropa decía que yo era el segundo más gordo. Él estaba hecho un tonel. Carcajada unánime. Y un comentario de un alférez, con este Páter no hay quien pueda.

Yo era el Páter y el Páter coronel me había dado su insignia para que me la pusiera en la solapa. Se la enseñé a Yáñez y me dijo: ni se te ocurra, esa es la divisa de un coronel del cuerpo eclesiástico. Así que la primera vez que embarqué fui de militar y sin divisa… Me di una vuelta saludando a todos los infantes que me conocían. Fui a subir a la cámara de oficiales y me topé con un alférez de marina, era de la tripulación, un *Popeye* que no me conocía. Me espeto el oficial, *¿dónde se cree que va?* Le dije: *soy el Páter*. Me dijo que fuera con los soldados y que dejara de decir tonterías. Y allí estuve un buen rato con todos los soldados hasta que un mando de infantería me vio y me dijo *¿no vienes con los oficiales?* Le conté lo que me había pasado y se echó a reír. Fuimos dónde el alférez y quedó todo aclarado. *Disculpe, Páter… yo no sabía, perdón…* Ahí me di cuenta de la importancia de la divisa en el ejército.

Yáñez me regaló la cruz dorada que llevaban los *páters* en el ejército norteamericano. Ahora ya tenía divisa. Todos, hasta los que no me conocían, sabían que era el Páter. De hecho, en otras maniobras, en Fuerteventura, fuimos a ver un destacamento del ejército de tierra. Yáñez era el de más graduación en aquel momento en la isla. Todos se cuadraban ante él, hasta la guardia civil. En una de esas, un capitán de los que no había pasado por la academia, se me cuadra con un: *¡a sus órdenes mi páter!* Yo le digo, *descanse mi capitán*. Yáñez se reía y me dijo luego, a solas, que no abusara de la cruz.

Otra vez fue a buscarme un soldado. Yo le esperaba vestido de cura, a la puerta de la casa del almirante. Bajó del coche, me abrió la puerta, y me dijo: *¡A la orden de Usía, mi coronel!* Le hice entrar en el coche. Le temblaban las manos. Y antes de que arrancara el motor le dije. *¡Míreme soldado!* Se me quedó mirando. Le dije no te parece que soy muy joven para ser coronel. Él me comunicó que tenía que ir a buscar al Páter coronel. Le dije que yo era Páter, pero soldado como él. Se empezó a tranquilizar y me llevo al cuartel mucho más relajado…

La última anécdota me ocurrió con un teniente coronel de la Armada, que era el ayudante del Almirante. Yo tenía que presentarme al Almirante, pero antes tuve que cuadrarme delante del capitán de fragata. Abusó un poco de galones. Yo tranquilo. Pasé a hablar con el Almirante. Me trató con mucho respeto y cariño. Al poco murió la madre del Almirante. El páter coronel no estaba y me tocó a mí presidir el funeral. Aquella capilla rebosaba de estrellas y no las de una noche, sino las de tantos generales como había. Yo empecé la Misa nervioso. Luego me fui relajando. Eché mi sermón. Y al terminar, tuve que pasar delante de toda la corte celestial, llena de estrellas y sables. Yo quise que no me viera nadie y marchar. Se conoce que el Almirante quería verme. Y yo cual extremo derecho… iba galopando la banda. De pronto oigo: *Páter, ¡venga!* Y dando media vuelta fui a ver al Almirante. Me miró y me dio un abrazo. *¡Gracias por sus palabras!* Y riéndose, me dijo, mientras esté aquí, nada de conducto reglamentario. Usted directamente habla conmigo. Aproveché el momento y le eché una mirada con una sonrisa a su ayudante. No necesité nunca el favor que me brindaba el Almirante. Pero disfrute de la mirada del capitán de fragata. Espero que aprendiera la lección. Nadie es más que nadie.

Guardo un bonito recuerdo de los infantes de marina y de la Armada. El último día de mili me despedí del Almirante y nos dimos otro fraternal abrazo. Muchos mandos querían que me quedara en la Armada como páter. Yo para ponerlos a prueba, les decía que sí, pero que el próximo año tendría que ir como Páter del buque escuela: Juan Sebastián Elcano. Eso es imposible, me decían. Tiene muchas novias. Yo me reía y les decía que entonces no me quedaba como Páter en la Armada. Recuerdo a un comandante de un remolcador. Me dejo sentarse en el lugar reservado para el capitán del barco. Le pregunté que cuando la mar se ponía mal, ¿qué hacían? Todo lo que está en nuestras manos, pero, sobre todo, rezar a la Virgen del Carmen. Su patrona y la mía. ¡Qué amor tienen los marinos a la Virgen del Carmen! Le regalé varios escapularios y se sintió muy agradecido.

Profesor

En total cinco años de mi vida me he dedicado a la docencia de niños y jóvenes. Fueron años bonitos y difíciles a la vez. El primer año recién ordenado (1995-1996) fue de mucho trabajo, pero la experiencia docente fue muy satisfactoria. Los niños de sexto de primaria eran como los hijos que no he tenido. Estaban internos y había que cuidarlos de día y de noche. Estos tiempos de seminario e internado ya pasaron. La tarea de educar y no sólo de impartir y enseñar conocimientos, me gusta y me implicaba todo lo que podía. Hay chicos duros de mollera y otros muy listos y capaces, no todos, gracias a Dios, son iguales. Recuerdo que la mayoría venían de escuelas rurales, algunos con carencias de lectura, escritura y compresión. Durante unos meses dediqué parte de mi tiempo en el estudio de la noche a hacerles leer en voz alta *El Pirata Garrapata* y *Fray Perico y su Borrico*. Conseguí que fueran aprendiendo a leer bien y a comprender mejor.

Tengo muchas experiencias de mis diversas etapas docentes. En mi primer año recuerdo el de un niño de Villamañán, que era el mayor de unos cuatro hermanos. Todos se parecían mucho entre sí, y además como estaban creciendo, iban escalonados… Eran muy simpáticos. El mayor estaba en el Seminario y le costaba entender las cosas. Yo les daba clase de Lengua Española. Mi querido alumno tardaba mucho en entender las lecciones. Yo se la repetía por activa, pasiva y perifrástica. Al final a veces conseguía mi objetivo y él me decía que sí. Se rascaba la cabeza con el nudillo de su mano y me sonreía. Yo sabía que lo había entendido. Y en mi interior me reía y mucho. Era un niño pelín brutote, pero muy honesto. Le volví a ver a posta, siendo él ya un joven de unos veinte años y se alegró mucho. Salieron a saludarme todos los que estaban de su familia. Y él seguía sonriéndome como cuando entendía la lección. Sólo por casos como este merece la pena ser maestro...

Mi siguiente etapa docente fue otra vez en León, en el Colegio san Juan de la Cruz. Aquí ya no eran internos y noté que los chavales tenían mayor maldad. Di clases a chavales de 1°, 2° y 4° de la E.S.O. No era ya como en el Seminario de Armunia de León. Ahora te medían, trataban de ponerte nervioso, en definitiva, trataban de chulearte. Me tuve que enfrentar a dos de ellos de forma fuerte. No me importó. Desgasta mucho, pero merece la pena. A uno que era migrante latinoamericano, no quiero acordarme de su nombre ni de su nacionalidad, y con el que todos los profesores tenían movidas... Llamé a su madre, una buena mujer que se ganaba la vida para dar a sus hijos una buena educación. Traté de que las lágrimas de su madre ablandaran su duro corazón, no lo conseguí, lo intenté... no hubo manera. Me han dicho que va por muy mal camino. Yo hice todo lo que pude, pero no fue suficiente... Algún día le recuerdo y rezo por él. Hubo otro chaval de 1° de la E.S.O, repetidor y que vejaba a las niñas, más jóvenes que él. Con este saqué toda mi artillería. Nunca he visto llorar con tanta rabia a un muchacho. Aprendió la lección, yo lo pasé mal. Pero ha merecido la pena. Me dicen que ahora es todo un paisano. Alabado sea Dios.

Ah, en esta época leonesa (2005-2007) daba clases de Historia. Algo que me apasiona. Había un grupo de niñas a las que di clase en 1° y luego en 2° de la E.S.O. Con el paso de los años, casi veinte, las volví a ver una noche por el Barrio Húmedo de León. Yo estaba con mi buen amigo Pablo García García (Pagaga), gran artista y que fue compañero mío en la docencia en León. Vimos a tres mujeres, me las presentó el bueno de Pablo. Me acordaba del nombre de dos, de la tercera no, su cara me era muy familiar, pero no recordaba el nombre. Ella, entre triste e irónica, me dijo: *P. Óscar, mira que no acordarte de mi nombre… Estudié historia y soy licenciada. Y todo gracias a tus clases*. Me puse entre colorado y rojo pasión. Fue un olvido triste por mi parte, no acordarme de su nombre, pero un gran orgullo que una alumna mía estudiara lo que más me gusta: la Historia.

Mi última etapa docente fue en Córdoba (2017-2019). Los tiempos han cambiado y mucho. Son distintos y pelín, por no pasarme de la raya, burocráticos (el ordenador había puesto *burrocráticos*). Más papeles, ordenadores, proyectores, guías didácticas… menos dedicación y sobre todo menos capacidad de educar, no solo dar conocimientos sino también y más importante enseñar en valores a los muchachos. Fui profesor de 1º, 2º y 4º de la E.S.O y de 1º y 2º de Bachillerato. En Córdoba decían los alumnos del Colegio Virgen del Carmen, que tenían como profe de Historia al padre que hablaba fino. Yo de Burgos con este mi acento y ellos cordobeses con su simpático y bonito acento. El primer día que una niña me dijo: *Padre, eso que es lo que es*. Con esa *e* que parece una *a*… Dos veces me repitió la expresión cordobesa… Hasta que el cazurro de Burgos entendió lo que la niña me preguntaba. Qué bonitas y respetables son todas las formas de hablar el castellano en España.

De esta etapa tengo muchas anécdotas. Solo voy a contar dos. La primera es la de una niña de 12 o 13 años. Sus padres estaban separados y la niña necesitaba mucho cariño. Hablaba con el típico acento cordobés mezclado un poquillo con uno, un poco *choni*… con todos mis respetos. Yo le tomaba el pelo y la llamaba por su nombre imitando su acento. Se reía. Un día estaba triste… Y me dice: *Padre, deme un abrazo*. Yo la miré con mucha ternura y le dije, eres menor de edad Patri, ya he dicho su nombre, y con la que está cayendo… Pero cuando tengas 18 años vienes y yo te doy un abrazo muy fuerte. Me miró entre perpleja y resignada. Pasados unos años la vi en el Cole, ya era mayor de edad. *P. Óscar me conoce…* Claro, como me voy a olvidar de mi Patri. Ella me contó que había estudiado y que se acordaba mucho de mis salidas y mis expresiones… Pero todo para bien. Le acaricié el rostro y me sonrió muy agradecida.

El otro caso fue más duro. Fue en 2º de la E.S.O. Era un trasto aquel chaval y muy listo, dos principios que cuando se juntan hacen estragos: inteligencia y rebeldía… Un día el susodicho se pasó media hora riéndose de mí a la cara. Yo continué la lección, como si nada. Sonó el timbre y todos fuera. Todos no. Mi dilecto alumno, que ya se iba, se tuvo que quedar. Protestó y se quedó solo conmigo. Se fueron todos. Algunos estaban desde fuera de la puerta viendo la escena. Eché a todos. Le dije a mi querido alumno: *ríete ahora, cara a cara de mí.* Lo hizo, al principio con ganas, poco a poco se iba cansando, hasta que el juego le causó cansancio… 20 minutos le tuve así… Al final le dije: *¿Has aprendido la lección?* Me aseguró que sí. No hablamos más del tema. Al mes, iba yo con mi buen amigo el Pichu, paseando por Córdoba, cuando le veo a él con otros dos o tres amigos. Iban en bici. Le comento que igual teníamos problemas… Todo lo contrario, se baja de la bici, me da la mano y me dice P. Óscar, estos son mis amigos, y les dice este es mi profe. Risas y mucha educación por su parte. Había aprendido la lección, el bueno de J.A., no de la Edad Media sino la de la vida actual.

Catequesis

Once años trabajé pastoralmente en parroquias carmelitanas. Cuatro en Santa Cruz de Tenerife (en dos períodos) y siete en Oviedo (también en dos períodos). Era el vicario parroquial. El ayudante del párroco. Normalmente me tocaba estar con los jóvenes y también, sobre todo en Oviedo, con los niños. Pastoral de Primera Comunión y de Confirmación. De los niños y de los chavales se aprende mucho. Voy a contar unas anécdotas que me pasaron y que sirven, tanto o más, que un buen libro de teología pastoral.

En Oviedo tenía los domingos la misa con los niños en la capilla. Me ayudaban las catequistas, y sobre todo Marisa[2] (Descansa en Paz). Siempre estábamos como el perro y el gato, pero me quería como una madre a su hijo. Ella lo tenía todo preparado al milímetro… y yo, una de mis características existenciales, improvisaba. En la misa de niños disfrutaban más los padres y lo abuelos, que los propios niños. Yo hacía que ellos participaran, les preguntaba en la homilía, les pedía que me ayudaran a hacer las peticiones… Vamos trataba de que no se aburrieran mucho y yo les explicaba todo los gestos y símbolos que hacemos los sacerdotes. Recuerdo que había una niña que en el Padrenuestro siempre alzaba las manos, como hacemos los sacerdotes. Un día no pude más, suelo decir siempre lo que pienso, pregunté a la guajina, *¿por qué pones así las manos? Las manos alzadas sólo*

[2] A ella la apodaron las catequistas más jóvenes, la teniente O'Neill. A mí, gracias a dos sordomudos, Jorge Javier Vázquez.

las ponemos los sacerdotes. Me respondió: *porque yo Padre Óscar, cuando rezo abrazo a Dios y Él me abraza. Por eso pongo las manos como usted.* Me quedé de piedra, ni un teólogo hubiera definido mejor lo que ha de ser toda oración. Los padres y abuelos sonrieron ante tal ocurrencia. Para mí fue una de las mejores explicaciones teológicas que he tenido en mi vida. Orar es abrazar a Dios y dejar que Él te abrace. Nada que añadir.

En la capital del Principado pasó también algo muy bonito en una misa. Eran dos hermanas, parientes de un fraile que vivía en mí misma comunidad carmelitana. La mayor acababa de hacer la primera comunión. La pequeña, aún no. Fueron a misa y la mayor fue a comulgar. Una vez que recibió a Jesús Eucaristía se puso al lado de su hermana y empezó a pellizcarla y a portarse mal con ella. La hermana pequeña dijo a la mayor, pelín enfadada, *la galleta que te ha dado el cura, ¿estaba caducada?* Muchas veces he utilizado este hecho real y verdadero predicando el Corpus, o cuando he dicho y me digo que el amor a Dios nos ha de llevar al amor al prójimo. Que no se nos caduque nunca la Eucaristía.

Otro día de catequesis, había un rapaz que no quería entrar a catequesis. Su madre no podía convencerlo. Y el guaje, que no, que él no entraba. Su madre me lo comenta. Le digo deme unos minutos y trataré de convencerlo. Le llevo a una sala. Me siento al lado de él. Y le pregunto por qué no quiere entrar. Me dice que esto es un rollo y que se aburre mucho. Le digo que lleva razón. Me sonríe. Le comento que vamos a hacer un trato. Él entra hoy, pero el próximo día, si no quiere entrar, no entra. Palabra del P. Óscar. Nos damos la mano para sellar nuestro pacto. Salimos, y ante la mirada atónita de su madre, el niño entra con sus compañeros a catequesis. Me pregunta la madre mi fórmula. Se la explico. La semana siguiente el niño no se acordaba del pacto y al final hizo la comunión, contento y feliz.

Lo de las primeras comuniones era cosa seria. En Oviedo, el primer año que las preparaba… Tuve un lío monumental. La parroquia dejaba que decidieran los padres qué fotógrafo querían. Solo uno, y una vez elegido por la mayoría, el designado era el que hacía las fotos y nadie más. Una señora, después de haber decidido todos quien iba a hacer las fotos, se niega y me dice que tiene que ser el que ella quería. Dije que eso no era lo convenido y que no había más que hablar. Me espetó que si no le dejaba hacer fotos me paraba la celebración del domingo… yo perplejo contesté que, si ella paraba la celebración, o hacía un circo, yo me iría de la celebración… y los niños se quedarían sin comulgar. A un órdago, otro más grande. La celebración fue todo un éxito.

Con los jóvenes de Confirmación la pastoral era más difícil. Venían en manada se confirmaban y se volvían a ir casi todo el rebaño. Siempre quedaba algo. Y a veces los más problemáticos eran a los que luego, pasados los años, veía en Misa. Yo sembraba lo que podía y Él de arriba era el que decidía. Los sacramentos son para la gente. Y Dios actúa por medio de ellos como Él quiere. Recuerdo que un muchacho de unos 18 años, próximo a confirmarse. Me mandó a la mierda con mucha educación. *Usted, Padre, ¡váyase a la mierda!* No consigo recordar el porqué de esta contestación. Se fue corriendo. A mí me entraron los siete males. Me fui serenando. Conocía a su madre. Si llamo a su madre se arma la de San Quintín. Decidí no llamar. El viernes siguiente, le veo. Se acerca. Me pide disculpas, que son aceptadas, ya le había perdonado en el mismo momento en que me mandó a aquel sitio. Y me agradeció el que no llamara a su madre… Imagino que este señor, esperemos que respetable, aprendiera la lección.

La madre desolada

Todos los domingos en Oviedo tenía la última misa del domingo, por la tarde o la noche, dependiendo de las estaciones a las 20:30 h. Venían muchos jóvenes. Casi siempre tarde. Teníamos un coro de gente joven. Y yo allí aprendí a predicar. Mis homilías solían ser y siguen siendo como las minifaldas: cortas, que enseñen y que den lugar a la esperanza (este dicho lo aprendí de un profesor de Teología en Burgos, y es una verdad como un templo…). Un día en el dentista, la auxiliar me dice: usted es el padre en Los Carmelos de la misa de ocho treinta. Digo, sí. Espero te guste como la celebro… Se ríe y me afirma con una amplia sonrisa que le gustan mucho mis palabras. Evocando esto recuerdo un día en el pueblo de mis padres: Villahoz. Salía después de decir Misa. Yo iba con mi madre y la gente decía a mi madre: *qué bien predica tu hijo, Mari. ¿Estarás contenta?* Y mi madre, sonreía y respondía: *Le queda mucho por aprender…* Palabras de madre. Nunca te lo creas, sé humilde y tiembla un poco antes de empezar a hablar.

Una vez, después de misa, una señora de mediana edad me aborda y me dice, que el lunes por la mañana, si yo tengo tiempo, quiere hablar conmigo. Le digo, que sí, sin problema. Y llegó la hora convenida. Llega la buena señora a la portería del convento. Me llaman, bajo y la acomodo en un locutorio. Me agradece mis homilías. Se lo agradezco medio ruborizado. Y me cuenta su problema: su hijo, su único hijo es homosexual. Ella es creyente y los obispos algo han dicho sobre el tema… Su hijo, a raíz de unas declaraciones de los jerarcas eclesiásticos españoles sobre la homosexualidad, ha dicho a su madre que quiere apostatar. Ella está desolada. Yo la tranquilizo y le aseguro que Dios quiere la salvación de todo ser humano. Dios solo mira a la persona, y no sus inclinaciones sexuales… Trato de reconfortarla. Y le aseguro que lo de su hijo sólo es un calentón por las circunstancias… Dios es más grande que nosotros y es el único que conoce lo más profundo de nuestro ser. Me paso un buen rato con ella y creo que la tranquilizo y se va en paz. No recuerdo bien la conversación; solo el hecho de haber hablado y pacificado aquella alma en pena.

Unos años después, iba yo por León con un fraile mexicano. A lo lejos oigo una voz fuerte que dice: *¡Padre! ¡Padre Óscar!* Me doy la vuelta y veo a una señora que se dirige a paso veloz hacia mí. No sé quién es. Lo que sé es que ella me conoce… y yo no recuerdo. Me explica quién es. Y ya caigo con quién estoy hablando. Me da un beso y me agradece aquellas palabras que tuve con ella en Oviedo. Se va. Y a mí me entra una alegría y gozo interior. Me emociona que unas mal hilvanadas palabras le hicieran tanto bien. ¡Qué suerte ser cura y poder cuidar de las personas!

Universitario acusa a catedrático de suspenderle por ser cura

Este fue el titular que salió en el periódico: *La voz de Asturias*. Agradezco mucho el haber estudiado primero, a distancia, y luego presencialmente, Historia. Tengo muchas anécdotas. Variopintas, vamos, de todos los colores. Los estudios a distancia fueron muy duros. Mientras los frailes veían por la noche una película, yo me aprendía de memoria, por ejemplo, todas las dinastías egipcias. También tuve que aprenderme todos los útiles prehistóricos, entre otras lindezas. Cuando me destinaron a Oviedo, al año de estar, me matriculé en la Universidad ovetense. Tenía diez años más que la mayoría de los alumnos.

Conmigo estudiaban muchachos de unos veinte años, de todos los pelajes e ideologías. Había uno que tenía un aspecto desaliñado y con el que nunca había cruzado ni una palabra. Se enteró de que era sacerdote. Un día me dijo: *¡Qué suerte tienes: ser las manos de Dios!* Ha sido de las reflexiones más profundas que me han hecho en mi vida. Agradezco mucho aquella conversación y aquellas palabras de aquel muchacho.

Ya en quinto y antes de finalizar la licenciatura tuve un episodio muy extraño con un profesor. Era el profesor de *España en la época actual*. Catedrático de historia contemporánea. Uno de los peces gordos de la Universidad. Hago mi examen con él. Voy al tablón de anuncios y veo que no me ha puesto nota, como a otros alumnos, solo un R.O. (Revisión obligatoria). Voy a la hora acordada con él. Me dice que tengo un cuatro y que estoy suspenso. Hablamos del examen, veo que me lo había corregido un par de veces y siempre a la baja. Me pregunta por la corrupción socialista y la franquista. Yo había respondido que eran muy parecidas. Él, socialista de carnet, juraba y perjuraba que era mucho más grave la franquista… Yo pensaba y así se lo hice saber que tanto la franquista como la socialista estaban enmarañadas en la cúpula del poder. En esas me fijo en el encabezado de la ficha que tenía de mí. Ponía: *El cura*. Le pregunto por ello y me dice que no hay nada. Le digo que mis ojitos han visto algo que es discriminatorio. Lo borra. Me le quedo mirando, me levanto y le deseo buenos días.

Pongo una denuncia. Dicho papel me lo hizo uno de los buenos abogados de Oviedo, de ilustre apellido. Me dijo que había disfrutado mucho escribiéndola. Venía a poner que había sido suspendido, no por mi falta de conocimientos, sino por mi ocupación profesional, y eso era discriminatorio. Me la admite la Universidad de Oviedo. Me convocan a una reunión con el susodicho catedrático, mi persona y lo más granado de los profesores de todos los departamentos de Historia. Voy el día convenido. El famoso catedrático no aparece. Los profesores me preguntan el porqué de mi querella. Les explico que creo que me ha suspendido por ser sacerdote. Me defiendo. El careo fue duro, especialmente con algunos profesores de su área, gracias a mi dialéctica y a que no me amedrento, sobre todo con una de ellas, salgo bien parado. Me invitan a salir y al rato me dicen que tengo razón. Lo único que tengo que repetir el examen… Lo hago de nuevo y me ponen un ocho. Se me ha hecho justicia. Bueno, hubiera sido mejor que corrigieran mi examen dos profesores de su área y que pusieran la calificación justa… Pero la Universidad en aquellos años funcionaba así… espero que hayan cambiado esa ley injusta.

En septiembre tenía que hacer un par de exámenes, pues ese año, me había ido seis meses a Bolivia. En el último de ellos, se me acercan dos muchachas de Gijón. Me miran y me dicen: *¿tú eres el cura que ha puesto en su lugar al catedrático?* Sonrío y les digo que sí. Me espetan un: *Eres nuestro héroe.* El susodicho catedrático suspendió a muchas mujeres sólo por el hecho de serlo. A otras y otros porque habían estudiado en colegios religiosos… Algunos de ellos tuvieron que acabar su licenciatura en otras Universidades españolas. Todo un especimen socialista, antes había sido comunista y abanderado de la igualdad. Me sentí muy reconfortado con el piropo. Y sobre todo agradecí que la sociedad civil tenga mecanismos para poder defenderse de las tropelías de algunos. El eclesiástico, no suele tenerlos, pero ese es otro tema.

Religioso y estudiante, religioso por delante

Este dicho siempre se lo han atribuido al bueno de san Juan de la Cruz, el mejor poeta en lengua castellana. En mi tesis doctoral: *Los carmelitas descalzos y la docencia en España*, estas palabras resuenan como un mantra. Estoy convencido de que lo más importante es ser persona y lo demás es una añadidura. De niño, mi padre siempre me alentaba a que fuera el primero de la clase. *¡Tienes que ser el mejor!* Agradezco esa presión. Nunca he querido ser el mejor en nada. Nunca he puesto mi afán en tener las mejores notas. Y os aseguro que lo he conseguido… A los niños no hay que educarlos para que sean los primeros. No hay que buscar el hecho de ser competitivo. Hay que buscar que sean felices, en la medida de lo posible, y que luchen por alcanzar sus sueños. Sin pisar y aplastar a nadie. Siempre fui un estudiante del montón y, a veces, hasta por debajo del montón. No me avergüenzo por ello. Al contrario, me ha hecho mucho bien. De niño mis asignaturas preferidas eran: Religión, Historia y Literatura. Y cuando quería podía ser el mejor en ellas… En las otras, no.

Estudié: Teología en Burgos (1995), Historia, en la Universidad de Oviedo (2003), Historia de la Iglesia en la Universidad Pontificia de Comillas (Madrid) (2009) y me doctoré en Humanidades en la Universidad Rey Juan Carlos de Madrid (2020). Media vida estudiando. La particularidad de mis estudios es que los hice mientras desarrollaba otros trabajos pastorales. Estudié lo que me gustaba con poco apoyo de mis superiores. Atrás quedan los

viajes desde Madrid a Soria; luego de Madrid a Oviedo y viceversa; o los de Tenerife a Madrid. No me lo pusieron fácil, cosa que,
a día de hoy, agradezco. Estudié por pura convicción personal.
Hace unas semanas al presentarme en una conferencia, la encar-
gada de ello dijo mi *currículum vitae,* –yo siempre digo *ridiculum
vitae*–, y agregó que cuando me pidió el mismo, exclamó: *Diosss,
qué currículum*!!! Y yo le contesté por WhatsApp: *Vanidad de va-
nidades… El mejor currículum es ser buena persona*!!!

Recuerdo que cuando terminé 2º de B.U.P. había que elegir
ciencias o letras. Mi padre me presionó para que me matricula-
ra en ciencias. A mí no me gustaban. Al medio año fui a hablar
con el jefe de Estudios, un sacerdote salesiano, José Barreal, al
que le estoy eternamente agradecido… Me hizo el cambio y me
aseguró que entre junio y septiembre yo aprobaría el curso. Así
fue. El último día de clase de matemáticas. El profesor, que era
de los peores que he tenido en mi vida, –no porque no supiera
enseñar… que no era lo suyo–, sino porque al darnos las notas,
lo hacía en voz alta y se reía a mandíbula batiente de los que
suspendíamos. ¡Qué personaje! Preguntó el dicho profesor algo.
Nadie respondía… Y yo contesté y le dejé boquiabierto. Era exacto lo que yo decía. Me despedí de las ciencias exactas, como los
toreros, por la puerta grande. Nunca en mis años de docente me
he reído de la calificación dada a los alumnos. Eso sí, el diez nunca se lo he puesto a nadie, como máximo 9,75. Pues, lo aprendí
de un buen maestro, el diez es sólo de Dios.

Hice el C.O.U. en Reinosa (Cantabria) y suspendí en junio y en
septiembre, y en junio del año siguiente el francés. Nunca se me
han dado bien las lenguas extranjeras: al contrario, les tengo una
manía… Aquella profesora de cuyo nombre me acuerdo y no cito,
afirmó en la última convocatoria que no había estudiado nada…
Me sublevé. Sí he estudiado, respondí. El problema es que no
entra esta asignatura en mi cerebro. Y me despaché, un rasgo de

mi personalidad, con estoy de usted y del francés hasta las narices. Y me fui. Seguí con el francés suspenso. Inicié los estudios eclesiásticos de oyente, pues no tenía acabado el C.O.U., por el maldito francés. Me matriculé en el Instituto Cardenal López de Mendoza. Y gracias a Dios me tocó una buena profesora de francés. A veces, hacía preguntas de historia y yo respondía. Se dio cuenta de que estaba preparado… y también que era un inútil en francés… Me aprobó. Se llamaba M.ª Antonia Giménez-Rico y tiene un hijo jesuita, al que un día le conté esto. Y se emocionó. Gracias a su buena madre estaba estudiando en Comillas. Y ya iba por la tercera licenciatura. Una vez que la buena maestra me aprobó el francés, me presenté a la selectividad. No estudié nada y aprobé. Un 5,17, apto. Es la nota más baja de mi vida, pero de la que me siento más orgulloso. Dos años después de haber estudiado el C.O.U. tenía aún algunos conocimientos que me sirvieron para aprobar la famosa selectividad.

He sido un estudiante atípico. Nunca estudié para ser el mejor. Eso sí, cuando veía que el profesor de marras me tenía ojeriza, estudiaba todo lo que podía para conseguir el aprobado. Nunca se me olvidara el examen de Teología Moral. Este profesor además era el Decano. Yo en clase había tenido dos salidas de las mías. Se quedó con mi matricula. Estudié mucho. Y en el examen oral fue a por mí… Me defendí y no tuvo más remedio que aprobarme. Luego, en el examen de Bachiller en Teología, otro profesor, sin motivos, quiso suspenderme. Gracias a un buen profesor que estaba en el tribunal la cosa no pasó a mayores y conseguí el título.

La ley que salió en educación de tener que aprobar a un alumno que solo tenga una asignatura suspensa me parece fenomenal. Es muy justa. Así lo pienso y lo tuve que defender en más de un claustro de profesores.

«Así, nunca llegarás a nada»

Esta frase la pronunció un provincial dirigiéndose a mí. Fue una dura advertencia. A mí me provocó una carcajada y una respuesta de las mías: *Ahora lo entiendo todo*. Y sonreí. El susodicho provincial enrojeció y me invitó a salir de su celda (así llamamos los frailes a la habitación). Fue uno de los momentos más intensos y que más me ha ayudado en mi vida. Nos enseñan, desde pequeños, a ser domesticados. Dicen que el ser humano comienza a dar grandes saltos en la humanidad cuando domestica el fuego, luego la tierra y por último los animales. Ya estamos en el Neolítico. A nosotros seres humanos nos tratan de domesticar desde que nacemos. Y esto es así. No sé si es bueno, pero es lo que hay. Ser un verso suelto, o alguien a contracorriente, suele ser muy peligroso.

Estudiando 1º de B.U.P., creo, han pasado tantos años… Teníamos clase de dibujo técnico. El profesor era un joven salesiano. Estudiábamos chavales procedentes del Seminario menor de León (diocesanos), de la Fontana (aspirantes a Salesianos) y los del Seminario El Carmelo (aspirantes a Carmelitas). De todos aquellos, sólo quedo yo. Algunos se ordenaron y luego lo dejaron y un salesiano murió siendo muy joven, un tal Redondo. El joven profesor salesiano premiaba descaradamente a los alumnos salesianos y a los demás, digamos, los discriminaba un poco con las notas. Un día cogí dos láminas. Una realizada por un alumno de los salesianos y otra por uno de los nuestros. Le solté, *¿Cuál está mejor?* Me respondió sin dudar: *ésta*. Di la vuelta a la lámina, y la que mejor estaba tenía una calificación más baja que la otra. El profesor enrojeció. Me expulsó de clase… Pero aprendió la lección. A partir de ese momento fue más justo y a mí me premió con más nota de la que merecía. Creo que siempre hay que ayudar a la gente para que no cometa injusticias, a veces no son conscientes de ello, y otras, por desgracia, sí…

Volviendo al tema del provincial. *Así nunca llegarás a nada*, vino por que el Consejo me había escrito una carta *pelín* dura, indicando que desconocían que yo tuviera permiso para estudiar en la Universidad. Y lo tenía, de palabra, del anterior provincial. Y me rebelé y devolví el escrito. Y me trató de amedrentar con él *así nunca llegarás a nada*…

Esta expresión me ha ayudado mucho en la vida. No soy algo para llegar a ser alguien importante. Sólo me importa ser y tratar de ser feliz con lo que hago. Sólo eso. Siempre digo que el título más importante es el de ser una buena persona o, al menos intentarlo…

Quizá el mayor problema de la Iglesia sea el del poder. Muchos se lo creen cuando están arriba (¿arriba de dónde?) y los lacayos encima, se lo hacen creer. «El que quiera ser el primero sea el último y el servidor de todos». Sabias palabras de un tal Jesús de Nazaret.

Me viene a la memoria la sentencia que, en Burgos, siendo yo estudiante, me dijo una persona trajeada por no dejarle ir a un lugar que estaba reservado para los frailes. No sabe usted con quién está hablando. Ya tendrá noticias mías. Han pasado casi cuarenta años, y no he tenido sus noticias, ni buenas ni malas.

Algo parecido me ocurrió en un bautizo en Oviedo. Bautizaba a tres o cuatro niños. A la hora acordada, faltaba la madrina de una de ellos. Espero un poco, digo a los demás que si pueden esperar un poco más. Me dicen que sí. La madrina sigue sin venir. Tengo que empezar, después de 20 minutos de espera, la celebración. Luego hay Misa y, si no empiezo, la misa comenzará tarde. La madrina de marras llega al final de la celebración. Se había confundido de Iglesia. Le explico, al final de la misma, que ella es la madrina, aunque por delegación otra persona ha hecho las veces de ella. Me dice que es intolerable. Qué tenía que haber esperado más. Se acalora. Me dice que trabaja en la embajada de España ante la Santa Sede. En ese momento me pisa el callo. Respondo que me llamo tal y tal, que soy cual y cual y qué de mis datos donde crea conveniente. Y con un *buenas tardes* termino la conversación. Nunca tuve noticias de Roma…

Estas anécdotas me sirven para afirmar que la humildad y sencillez son de los valores que más aprecio en la vida. Los soberbios y altaneros no van conmigo. Me molestan e indignan. Tengo más casos de estos personajes. Algunos muy recientes. Pero todo ello me lleva a pedir a Dios que me haga humilde, sencillo y que siempre sea un hombre lleno de llaneza[3], término castellano en desuso, pero del que andamos siempre necesitados.

---

[3] Así define este apalabra la R.A.E. y es una de mis palabras favoritas. 1º Sencillez, actitud libre de aparato y artificio. 2º Familiaridad, igualdad en el trato de unos con otros. 3º Sencillez notable en el estilo. 4º Sinceridad, buena fe.

[Arnold]

Seis meses viví en Bolivia. Casi todo el tiempo en nuestra parroquia de La Paz. Fue un tiempo que ahora recuerdo con mucho cariño y, sin yo saberlo, me ha dado mucho para mi vida frailuna. Viví con dos frailes españoles, ya mayores, con más de 70 años y que pasaron gran parte de su vida en América. Recuerdo cómo la última semana que pasé en nuestro convento de La Paz no me hablaban ni saludaban. Luego entendí el porqué: estaban tristes porque yo volvía a España… y no lo aceptaban. Sentí que me apreciaban.

También me hice medio famoso… pues salí dos veces en la Televisión boliviana: la una, para explicar cómo se vivía el Carnaval en Europa; la segunda para dar mi opinión sobre un incidente protagonizado por un sacerdote aymara. Fue un debate y estábamos: una señorita de una protectora de animales, un pastor evangélico y un servidor. La periodista, una tal Casimira, mostró el hecho de cómo un sacerdote católico de etnia aymara sacaba en vivo el corazón de una llama y lo ofrecía a la Pacha Mama, la tierra, y lo enterraba en los cimientos de una iglesia que se iba a construir. Así, según sus creencias, la construcción quedaba bien cimentada y protegida. Se levantó una fuerte polvareda en la ciudad de La Paz. Yo dije que nunca haría algo así, que no entraba en mi mentalidad y que no era quien para juzgar a un compañero. Me tildaron de todo. Argumenté que peor era la cantidad de niños desnutridos que veía por las calles de La Paz y el Alto. Eso sí que era un atentado. Me llamó un cargo de la Conferencia Episcopal Boliviana… para agradecerme mis palabras. Me dieron la cinta de video con aquellas entrevistas… en un ataque de humildad las dejé perdidas en cualquier lugar.

Pero volvamos al título de esta crónica: Arnold. Yo acababa de terminar la misa de la tarde en nuestra parroquia del Carmen en La Paz. Me acababa de despojar de mis vestiduras sacerdotales, salía de la sacristía y me dirigía a nuestro convento. En ese momento me aborda un niño de unos nueve o diez años. Tiene la cara arrasada por las lágrimas. Me pregunta si soy el padrecito. Le digo que sí. Soy el P. Óscar. ¿Qué te pasa? Le pregunto. Y vuelve a llorar a lágrima viva. Le digo: ¿Has comido? Me dice que no. Le hago pasar a nuestro comedor. Le ofrezco una Coca-Cola. Los ojos negros color azabache, parecidos a los del refresco que le acababa de ofrecer, se le iluminan y, meneando la cabeza, me dice que sí. Le traigo el refresco y un bocadillo. Come y bebe veloz. Ya más tranquilo, me cuenta que su padrastro le ha echado de casa y su mamá no le ha defendido y ha estado vagando todo el día solo por la ciudad. Se le ha ocurrido pedir ayuda entrando en una iglesia. Yo no sé muy bien qué hacer. Hablo con una catequista y me dice que he de llamar a los varitas (así se conoce a los policías en esta parte de Bolivia). Llamamos y al poco tiempo vienen dos mujeres policía encargadas de ayudar y dar cobijo a la infancia. Hablo con una de ellas y les digo que ayuden a ese niño. Me dicen: no se preocupe, Padre, buscaremos lo mejor para él. Se va Arnold, me sonríe. Yo estoy roto por dentro. Se van todos y me echo a llorar como Arnold había llorado antes. Nunca se me olvidará este niño, que representa la infancia dura de tantos y tantos niños del mundo.

Archivero

Nueve años lo he sido. Comencé siéndolo en Roma en el Archivo General de la Orden (2009-2015) y en el Silveriano de Burgos (2020-2023). No volveré a serlo nunca más, aunque como dice el dicho: *Nunca digas de esta agua no beberé…* Es de las pocas cosas que tengo claras. Me eligieron para ir a Roma por mis conocimientos de historia. Hice el Curso del Archivo Secreto Vaticano. No tengo el diploma, pues no me presenté al examen… es de esos títulos que visten mucho… Los seis años de Roma, a nivel archivístico, fueron muy fructíferos.

El consejo más sabio me lo dio un fraile gallego que había sido archivero muchos años en Roma. Me dijo: *el primer año trata de conocer el archivo, sus documentos más importantes, cómo está ordenado, lo que falta de ordenar… Y después de un año toma las decisiones que creas pertinentes. Pero el primer año no cambies nada de lugar.* Así hice. Es uno de los consejos más sabios que me han dado. Y no sólo para un archivo…

Triple es la misión de un archivero: catalogar, salvaguardar y mostrar los documentos. Normalmente en este puesto suelen colocar a personas hurañas, muy reservadas y hasta tímidas. Esta es la visión que se solía tener de los que desempeñaban este oficio. Y no, un archivero, sobre todo y, ante todo, tiene que mostrar los documentos a los investigadores y facilitarles el hecho de que puedan consultarlos. Así hice desde el primer momento, y muchos investigadores de lugares muy remotos me lo agradecieron. Así dejaron constancia en sus libros que escribieron gracias a los documentos que les facilité.

Dicho esto, es un trabajo que hay que compaginar con la pastoral. Pero también es verdad que este trabajo, hecho con pasión, es una forma de evangelizar. Todavía recuerdo a una señora irlandesa que me escribió para saber el paradero de su tía monja irlandesa, carmelita descalza, en África. Tuve que remover Roma con Santiago en el archivo y, gracias a Dios, encontré su necrológica. Ella en una postal que he perdido, me contestaba en italiano llena de agradecimiento por haberle hecho saber de su tía monja. También me ocurrió el de una muchacha que estaba estudiando arquitectura y estaba haciendo un trabajo sobre las iglesias o capillas que se construyeron en Roma, después del Concilio Vaticano II. Nuestra Curia General y Capilla fueron prototípicas de esta nueva corriente postconciliar. De hecho, la Curia, su edificio, se asemeja al Castillo Interior o Moradas de santa Teresa, según la óptica del P. General de aquellos tiempos el P. Anastasio, genovés y luego Cardenal Ballestrero de Turín. Los documentos estaban en latín y yo se los traduje al italiano, nunca he sido un poliglota tan bueno. La *ragazza* me lo agradeció infinitamente. Esta labor de ayudar con los documentos me llenaba de satisfacción, aunque perdiera mucho tiempo en ello, o lo ganara. *¿Chi lo sa?* Sé lo que es ir a un archivo como investigador y el hecho de que a veces te ayuden poco o de mala gana.

Además, la gente que se acerca a un Archivo, por lo general, son estudiosos, profesores, investigadores un poco la élite intelectual y es bueno que se lleven un buen sabor de boca y también que vean tu competencia en temas de historia de la Orden.

Reconozco que, aunque parezca un chiste, los documentos no muerden. Las personas a veces sí. Por eso, a mí, el estudiar y analizar los documentos me ha gustado siempre mucho. Tengo en mi haber el *encontrar* un bifolio visigótico del siglo X en el archivo del ayuntamiento de Tordómar, un pueblo vecino al mío de Burgos. Ha sido de las experiencias más gratificantes de mi vida.

Los documentos siempre, desde mi más tierna infancia, me han entusiasmado al igual que la historia. Era feliz en mis archivos. Ahora ya no estoy en ellos. Los superiores sabrán el porqué.

Visita al Papa, 19-V-2011

Hoy he visto y me ha hablado el Papa. Desde hace más de un mes sabíamos de la visita o audiencia que el Papa iba a tener con el Teresianum y como añadidos, los curiales de Corso D'Italia, 38. Yo había decidido no ir. Lo de Sucumbíos me escocía el alma. Pero el P. Julio me decía que era una pataleta de niño y el vicario me prometía la capa... Así que, como la carne es débil, accedí y me dije, vas a ver al Papa...

Y llegó el día señalado. Antes, por la noche el suprior, nos repartió, como los niños que van de excursión, en los coches de la curia. Yo tenía que hacer de chófer... qué rollo, hora punta en Roma... Menos mal que el superior se animó a conducir él. Así que a las diez del día de autos estábamos en el garaje esperando para ir al Vaticano. Yo todo chulo con capa, habito y zapatos bien limpios. La Michela espiando desde la rendija... eso lo supe después... George apareció con la capa estilo acordeón. El P. Julio dijo esto hay que estirarlo o lo que es lo mismo... plancharlo. Allí se quedaron los del coche de George con Rafita de conductor... esperando a que tuviera la capa como Dios manda... y, todos motorizados, a San Pedro.

Llegamos al parking y luego una vueltecita por San Pedro, algunos, con capa... otros sin ella. Y los turistas haciendo fotos a mansalva. Será que somos una atracción, y sólo eso... Esperemos que no.

Toca esperar en la puerta de Bronce. Al final llegan los del Teresianum. Subimos las escaleras. Llegamos a un patio renacentista bellísimo. Más escaleras, poco pindias, que dicen en mi tierra. Yo voy el último acompañando a Nicolás y esperando que se cumpla el dicho evangélico de… los últimos serán…

Y ya estamos en la sala clementina, bella, muy bella la estancia… con sus frescos y la lápida de Clemente VIII, que fue un papa de los que favorecieron, y mucho, a los Carmelitas cuando fundaron en la Scala… a finales del siglo XVI. Veo que todos los curiales están en la primera fila y yo, no. Espero, me mira Silvano y me dice, ven. Y el guardia me dice, no. Y yo quieto. Me mira Jean Joseph y lo mismo, ven y digo, para mis adentros, por dónde… y al final el P. Julio se levanta y va a la primera fila y veo un sitio libre, ahora o nunca, y allí me voy… Ya estoy, por fin, en primera fila. Alabado sea Jesucristo. Y ahora, a esperar a Su Santidad. Por cierto, la espera fue de más de media hora.

Paso el rato hablando con Julio. Contemplando la sala y, sobre todo, a tres pajes de color. Le pregunto a Zacarías y me dice, que no, que africanos no son. Yo para zanjar la cosa digo que serán españoles del sur, muy bronceaditos.

Pasa una señora que dice *alabado sea Jesucristo* y los frailes más de cien, respondemos al unísono, por siempre sea alabado… ¡Faltaría más!

Luego pasan unos obispos de la India (son de una visita ad limina) con sus secretarios… a uno le había abandonado el esteticién y se le veían los pantalones, venía de pescar… o mejor, y nunca mejor dicho, de hablar o dialogar con el que lleva el anillo del pescador… Por cierto, al ver a los obispos indios, y al ver a tantos hermanos de librea de esta tierra… me dije: este es el futuro. Tuve un recuerdo agradecido para el Cardenal Dias…

Cerraron todas las puertas e hice un comentario de los míos, de mal gusto. Ahora comienza el gas… Dios me perdone…

Y entró su Santidad. Todos aplaudieron, yo no, no me gusta... sólo miraba (mira que te mira, que diría la Santa). El P. Saverio se acercó y dijo unas sentidas y bien engarzadas palabras. Me gustó y sobre todo me lleno de profunda serenidad el guiño que tuvo para con los misioneros de Sucumbíos. Y le dijo al Papa, que a nosotros no nos ganaban a papistas... no lo dijo así, pero yo lo entendí así. Buen discurso, de diez, luego se lo dije... Hay que felicitar a la gente cuando lo hace bien.

Luego respondió el Papa, con una voz un tanto apagada, y repitiendo un par de veces dos líneas del discurso, dirigido casi por entero el Teresianum y felicitándoles por sus 75 años de Facultad de Espiritualidad.

Y después de los aplausos, los de la primera fila, a besar el sello del sucesor de la misión de Pedro. Y entre ellos yo. Me pongo en la fila y cuando sólo quedan cuatro, noto un cierto temblor de piernas... Si es que uno no es tan duro como cree. Y zas, delante del Papa. Beso con devoción, con mucha devoción el sello del pescador (es la primera vez que beso el sello a un obispo, en este caso el de Roma... siempre me ha parecido un gesto de época feudal... pero lo he besado con amor, igual que cuando beso la mejilla, ya un poco ajada, de mi querida madre). El P. Saverio me presenta. Es el archivero general de la Orden e historiador. El Papa me pregunta *si conozco toda la historia*. Y yo respondo, por decir algo, porque la verdad que sólo me quede contemplando primero el sello y luego su rostro y sus bellos ojos azules, *un poco*. Y me voy. Y ya. Y me relajo.

Al final se sienta el Papa, entre el General y el Procurador. Foto de rigor. Aplausos y *ciao*.

Volvemos a casa y sufrimos el caos automovilístico de Roma. En casa, los que no han ido están terminando de comer. Preguntan, contestamos y fin de la historia. Bueno fin, fin, no. Ya que se han dejado a George en San Pedro y el pobre llega tarde y resignado y me dice: *¡Así es la vida!* Ni una mala palabra… he aprendido y mucho…

Después hay algún que otro altercado. Problemas de emociones mal controladas y alguna queja, con razón, de dos miembros que no han podido besar el anillo y dar la mano al Papa, yo no recuerdo si le he dado la mano… Y nada, así termina una experiencia bonita y que me hace sentirme un poco privilegiado…

Renuncia y fumata

Sí, creo que es el mejor título de estas jornadas romanas para un fraile, novato en estas experiencias vaticanas de Roma.

El primer gesto llegó de improviso e inesperadamente. Eran las 12, más o menos, de la mañana del 11 de febrero del 2013. Estoy como normalmente en el Archivo. Y Marcos, el asturiano que trabaja conmigo, me dice el Papa ha renunciado al ministerio petrino. Perplejo me quedo. Pienso un Celestino, un monje que hizo lo mismo, pero ha llovido y escampado mucho desde aquello. Estupor. ¿Qué pasa? ¿Es cierto? Y sí, lo es, todas las agencias confirman la noticia.

Luego supimos que lo hizo rodeado de los cardenales que le acompañaban. Expresó su renuncia en latín, con voz débil, y vestido con la muceta y el estolón con los santos Apóstoles, Pedro y Pablo. Pero detrás estaba un hecho inusual. Todo un gesto, un grito, una llamada de atención a la Iglesia y al mundo. Y en esto como en todo, el Papa trata de seguir los pasos del Maestro, de Cristo Jesús. Llevo un día rumiando el símbolo más profundo que Jesucristo realizó: el lavatorio de los pies. Que es un gesto de profundo servicio de Cristo a sus apóstoles, a su Iglesia. Antes de morir en la Cruz realiza este símbolo de ponerse de rodillas y lavar los pies a sus discípulos. Y esto hace Benedicto con su gesto de dejar el ministerio petrino. Nos dice, he hecho lo que tenía que hacer y ya no tengo ni fuerzas ni capacidad para seguir desarrollando el ministerio que me había confiado el Espíritu Santo. Dejo mi servicio. Y después del gesto, del símbolo, del grito… sólo queda que la Iglesia y también, porque no, el mundo entienda esta gran lección de Benedicto XVI, el poder es sólo y nada más que servicio, entrega generosa y desinteresada a los demás, al bien común tanto de la Iglesia como del mundo.

El obispo de Roma, se fue vía aérea, en un helicóptero a la Casa papal de Castelgandolfo. Lo hizo, como previamente había anunciado el día 28 de febrero, a las 5 de la tarde. Hora taurina en España. Y hubo un gesto, no suyo, sino de su secretario, el recientemente hecho arzobispo George y jefe de la Casa Pontificia. Rompió a llorar, cuando se despedían de la gente con la que habían vivido más estrechamente estos años. Lágrimas. Quizás de impotencia, de dolor, de recuerdo agradecido... Al fin y al cabo, gotas de agua salada, que sirven para decir todo y nada. Y sobre todo para relajarse tras un duro golpe... Y a las 8 de la tarde Benedicto XVI se convertía en el papa emérito de Roma. Sólo hemos visto una imagen en estos días, de Joseph Ratzinger, caminaba, muy encorvado, y con una gorra blanca de beisbol sobre la cabeza, le acompañaba su amigo y fiel secretario, George.

Otro símbolo o signo fue el de la fumata. El cónclave empezó el 12 de marzo, como habían decidido la semana previa los cardenales. Nos preparábamos, así lo pensé yo, para un cónclave largo... El miércoles me dije y porque no ir a ver una fumata. Y allí fui. Y así lo viví. Llueve, llueve y sigue lloviendo. Una gaviota sobre la chimenea que anuncia con el color del humo si tenemos Papa. Hoy, por ver, porque es un tiempo no normal, he ido a la Plaza de San Pedro. Esto lo he visto desde niño por televisión. Recuerdo la muerte de Pablo VI, era agosto y estaba en Vitoria con mis primos. En mi memoria quedaron la imagen de cuatro niños llorando, mis primos y yo, porque el Papa había muerto. Un mes después, más o menos, en Burgos mi ciudad natal jugando al balón con los amigos en la pared de la Parroquia de San Lesmes, nos dijeron que el Papa acababa de morir... Era Juan Pablo I. Y luego dos papas más, pero siempre vistos en televisión...

Y hoy he llegado a las cuatro y media, más o menos. Con la idea de ver una fumata y volver a casa. Y nada que no llegaba. Y frío y agua. Y decía, para una vez que vengo… que chupa me estoy pillando. Y me pongo a hablar con un filipino, con cara de cura… y me dice que es agustino y que está en la Iglesia de Santa María del Popolo. Que tienen dos Carvaggios… y hasta los horarios de misas y que si que va gente a su Iglesia… y sigue lloviendo y llega fr. Marcos, el padre brasileño con el que he ido a San Pedro. Y trae galletas y una especie de almendras garrapiñadas. Y más agua, parece un campo de champiñones la Plaza San Pedro. Y veo al P. Jon Korta, carmelita vasco, que ha venido con su hábito y que colabora con su buen decir y saber con agencias de América latina y del País Vasco. Y hablamos un poco de todo y de nada. Y mientras, el P. Jon, habla con unos jóvenes periodistas vascos. Y vuelve y nos dice qué que poco saben de estos temas de cónclaves, y cardenales y demás… Y es verdad… es el mundo en el que vivimos. Y hablamos de obispos y frailes… y fumata. Humo, humo blanco… Hay Papa. Y sigue lloviendo… y el P. Jon desaparece. Y yo pienso, qué suerte, una vez que vengo y acierto… Después de tres horas de pie y con agua. Voy a ver en vivo y en directo, nada de televisión, al nuevo Papa. Y nos hacemos unas fotos con el humo blanco… Y comenzamos a ascender Marcos y yo, pasamos el obelisco… Algunos gritan a los que llevan paraguas, para que los retiren. Pasa un cura de más de dos metros y todos le dicen, avanti, avanti… Y yo digo ya viene el altísimo… Un chiste de los míos… Y nos empezamos a rejuntar, cada vez más gente, me rodean italianos y hablamos. Qué de dónde soy me preguntan. Español, respondo. De Burgos, puntualizo. Y me dice una italiana: el Cid Campeador… Y digo pues sí… y que tenemos una catedral muy bonita. Y me preguntan que dónde trabajo. Y digo que soy cura y fraile carmelita y que trabajo de archivero con documentos, más bien antiguos… Y me dicen que no tengo pinta. Y les digo que lo soy. Y pues bien… y a una mujer le digo que su acento… que no me parece italiana… Y me dice que es argentina. Y hablamos de la situación política. Del Cardenal Sandri. Me dice que ella no es tan religiosa como era antes… Y al lado un niño dice que el Papa será brasileño y su padre le dice que será el cardenal Scola…

Y ya casi no llueve, y oímos el himno de Italia. Y empezamos a ver luz y movimientos de personas tras las cortinas de las ventanas… Y sale el Camarlengo y en latín dice que con mucho gozo tenemos nuevo Papa, el señor Jorge Mario Cardenal Bergoglio… Y digo el cardenal de Buenos Aires. Y la argentina, a mi lado, está emocionada, no es para menos… Y me alegro interiormente. Y pienso, Jesuita, no europeo y con cierta fama de progresista… Estos cardenales… Y se cumple el dicho de que los que entran papables salen cardenales. Y pienso ahora en honor de su fundador se pone el nombre de Ignacio. Y no, elige un bello nombre: Francesco, en honor al *poverello* de Asís. Y la argentina y yo reímos y decimos ahora le podremos llamar, Paco, Pancho, Quico… Cuantas formas tenemos de llamar a los franciscos en la lengua hispana.

Y habla el nuevo Papa, un buenas tardes y un recuerdo agradecido a su antecesor el Papa emérito de Roma. Y se presenta como el obispo de Roma. Y pide que recemos y rezamos todos juntos, el padrenuestro, el avemaría y el gloria. Y nos dice que oremos en silencio por él. Y yo lo hago, le pido al Señor que lo ilumine en su misión de confirmarnos en la fe. Un gran silencio, contenido y bello. Y luego dice que viene de muy lejos a ser el obispo de Roma. Y que pide por la hermandad de todos y por el amor entre los pueblos. Y lo hace con un *itagnolo* muy parecido al mío. Sencillez y oración. Y con un buenas noches y un rezar por mí. Se va, despacio… y ya no llueve. Y la gente poco a poco se va, y hablan por el móvil y cuentan que es argentino el nuevo Papa, y hasta jesuita y que ha decidido que a partir de hoy es Francisco. Todo un programa el del nuevo obispo de Roma: oración, hermandad, sencillez…

La contra crónica

Otro día, con sus símbolos, fue el 18 de marzo en la embajada de España. Hice una crónica que comparto con todos, un poco ácida, pero verdadera… La titulé la contra crónica: Acabo de llegar de la recepción que han dado en la Embajada de España. Mañana el Papa Francisco iniciara su ministerio como obispo de Roma. Han venido los príncipes de Asturias y el presidente del Gobierno de mi tierra: España. He ido… casi como la canción de Mecano… en tu fiesta me colé, y sin coca-cola… Me vuelvo a explicar.

La invitación era para el ex Procurador. Él ya no está aquí. Y por casualidad llegó a mis manos la invitación. Hubo un pequeño incidente, diplomático, nunca mejor dicho. Y nada, pensé en no ir. Luego me animó Marcos y me dejé animar. Llamó por teléfono… y dijeron que llamarían para confirmar. Y así fue, di mis datos y me dijeron que podía ir. Se lo comuniqué a las autoridades competentes y dijeron, vale… uno me dijo que era un poco mundano… Sí, vivo en el mundo, aunque a veces pudiera parecer que fuera de Marte o lunático… esa es otra…

Me enfundo el hábito y allí me voy. Cola para entrar. Veo a Paloma Gómez Borrero… ni la saludé, ni me saludó… así me pasó con muchos… a unos porque no sabía qué decir y a otros… pues porque somos iguales, todos o ¿no? Saludé y con mucho cariño, al obispo ahora de Huelva, y *no usted mañana*… Monseñor Vilaplana… hice de diácono cuando él era obispo de Santander en el año de gracia del 1995… cuánto ha llovido…

Y posteriormente hablé, me hizo gracia, con un cura joven, que era de Siria. Me confesó que no le gustaban nada estos actos y que llevaba más de diez años trabajando en un dicasterio romano... Ya ves...

Y luego nos esperaban el príncipe, la *principesa*[4] y Mariano Rajoy y su esposa, el embajador y consorte, a todos di la mano, les miré a los ojos y dije un gusto, tengo un jaleo mental con el italiano... tendría que haber dicho, encantado... cumplí el protocolo...

Y después los pinchos, hablando con los camareros, con unas hermanas carmelitas, un poco con todos, hasta con un benedictino que era el rector del Colegio Griego y que era de rito bizantino y Archimandrita... los ritos... una asignatura pendiente para mi corta cultura...

Y nada, cuatro cardenales: Abril, Amigo, Cañizares y Martínez Sistach (faltaba de los electores, Rouco) ... Obispos, monseñores, frailes y monjas... y Mariano, el rector de la Iglesia de Santiago y Monserrat, que tiene cara de bueno. Y me endilgó el retiro de Adviento para noviembre... Y una charla de Santa Teresa compatrona de España, que era lo que yo buscaba... valga lo uno por lo otro...

Y eso y más, que pensaba que un hecho religioso y bonito: un nuevo Papa. Una sociedad, Dios me perdone, a veces ridícula... trajes, sotanas, crucifijos, puntillas (como decía con gracia un monseñor español...). Lunch, periodistas, y demás... Y Cristo, dónde está... Buena pregunta.

---

[4] Doña Letizia Ortiz Rocasolano. Lo que no sabe ella, o igual sí, es que fue cristianada por un carmelita descalzo de nuestra parroquia del Carmen de Oviedo. Escuché de soslayo la *alta* conversación que tenía con una de sus damas de honor y la ilusión que tenía por ponerse la mantilla blanca delante de Su Santidad... Por mi culpa, por mi culpa...

Luego subí *Vía Venetto* hasta mi humilde morada. Coches de policía, embajadas, embajadores, presidentes, securitas, más policía... y mañana a celebrar un hecho religioso. El Vicario de Cristo, el obispo de Roma, *il capo* de una religión de todo un Dios que nació en un pesebre y murió en un Cruz. Y yo subía Vía *Venetto*, con el santo hábito, los brazos en Cruz, para sentirme libre y tarareando una canción...

Hoy sí.
(Crónica de la entrada del obispo de Roma a su sede, 19-III-2013)

Así es, querido tío, hoy sí que he estado en la Plaza San Pedro. Mi tío siempre cree verme, cuando ve un fraile con hábito marrón. Quizás sean restos de una España con fe fuerte y orgullosa de tener hijos o sobrinos, frailes o curas. Son otros tiempos.

Fue un día largo, demasiado. Ayer estuve en la embajada de España, viendo y saludando a nuestras autoridades, civiles y eclesiásticas. A las 5,30, más o menos, me ha despertado un helicóptero. Hoy es un día de mucho jaleo en la ciudad de Roma. A las 7,15 tenía la Santa Misa con las hermanas brigidinas… Era todo un poco ajustado… ya que a las 8,30 tenía que estar en mi puesto en Plaza San Pedro. He celebrado la misa y he dicho dos cosas: primero que al final de nuestra vida debieran poner en el epitafio, como a San José, que fuimos hombres o mujeres justos. Y que debemos ser guardianes, custodios de Jesús, con nuestra vida y obras, como lo fue José. Luego, y después de tres años de vivir aquí, tomo por vez primera un taxi, para llegar lo más cerca posible de la plaza de san Pedro. Hablo con el taxista. Es un buen chico, y me lleva, antes de lo que yo pensaba, a la Plaza del Risorgimento.

Ahora comienza lo más difícil: llegar a la izquierda de Plaza San Pedro, al lado de la estatua del primer Papa. Y pian piano como dicen los italianos, llego. Busco y encuentro a mis hermanos de hábito, y hoy de capa, pues es fiesta grande. Hay una silla libre, al lado de nuestro Padre General y allí me siento. Es una suerte tener un General así, sencillo y bueno. Él debiera, estar en primera fila al lado de los abades y ministros generales. No, se ha quedado en tercera fila cercano a sus frailes. Y también es una suerte que los hermanos de librea te esperen...

Esperamos y hablamos y empieza la ceremonia. Primero el Papa pasa con un automóvil descapotable por toda la Plaza. Y luego la ceremonia que arranca de la tumba de San Pedro, no olvidemos que fue el lugar donde el primer papa derramó su sangre por Cristo. Luego el Palio papal, símbolo de que la jurisdicción del obispo de Roma, que es distinta a la de cualquier metropolitano. Después el anillo de San Pedro o del pescador, símbolo de la potestad del sucesor de Pedro. Y por último, la obediencia del colegio cardenalicio que representan a toda la Iglesia, que acogen al nuevo Papa como su Pastor.

La ceremonia en su parte más importante es en latín. Digo medio en bromas y en serio, que será la primera y la última en dicha lengua muerta. Algo quizás, sí. Pero toda, no. Mucha gente, y no todos los eclesiásticos, conocen esta lengua clásica. Debieran, puede ser. Pero ya ha pasado el esplendor de esta lengua. Un idioma sirve para comunicarse...

Y luego, después del Evangelio en griego, un bonito guiño a la Iglesia Ortodoxa. La homilía del Papa, sencilla como es él. Comienza aludiendo a su predecesor, ya que lleva de pila el nombre del santo esposo de la Virgen María. Fuerte aplauso. Que nadie se olvide, a Benedicto, obispo emérito de Roma, se le quiere, y se aprecia su humildad y su sabiduría. Y su gesto de renunciar a ser obispo de Roma, que enlaza con las bellísimas palabras, que salían del corazón del Papa Francisco: el poder es sólo servicio. Ha dicho y lo hemos escuchado, y esperemos que lo hayan escuchado parte de los poderosos que estaban en la ceremonia, tanto civiles como eclesiásticos.

Y voy terminando. Al Papa se le ha visto, o he percibido yo, un poco cansado. Son 76 años, más de los que tienen mis padres. Pero un hombre que habla con el corazón... La homilía la ha escrito y leído, pero había momentos que hablaba en un itañolo precioso. Nos pedía no tener miedo a ser buenos y tiernos. A ser buenos. A ser guardianes del mundo y de la vida de los más necesitados. Y a hacer todo esto como José, porque creemos en Cristo.

Todo ha concluido. Poco a poco no hemos ido alejando de la Plaza. Yo contento y feliz de haber estado en un momento histórico. La toma de posesión de un nuevo Papa. Al final, una entrevista de una televisión argentina. Ir con hábito y capa, viste. Y me han preguntado qué que pensaba del nuevo Papa. Y he comunicado que es el Papa que ha querido el Espíritu Santo, que nos confirma en la caridad a todos los cristianos. Y que estoy contento de que sea latinoamericano y hable mi lengua. Y he dicho que debemos rezar por él, como nos ha pedido insistentemente. Y sobre todo guardar, proteger, custodiar nuestro mundo, a los más pobres y débiles y hacer el bien como Jesús, sirviendo a los demás.

Ah, querido tío Pablo. Hoy tu sobrino, Óscar, estaba en San Pedro, con el nuevo Papa.

Ha muerto un misionero

Hace una hora, justamente, me acaban de llamar de Burgos. Me ha telefoneado un amigo de la infancia, de la adolescencia y de la primera juventud. Jugamos juntos en el patio de los Vadillos, íbamos al mismo grupo scout y luego terminamos en el mismo Seminario, el Carmelo de Armunia (León). Me ha llamado Raúl Pérez Arroyo, para darme una noticia que esperábamos todos en la Curia General de los PP. Carmelitas Descalzos. Me ha dicho, *Óscar mi tío ha muerto*.

Al P. Arroyo (Jesús María Arroyo Castellanos) le conocí, cuando niño. Era el tío de mi compañero de aula. Y siempre que venía de vacaciones nos hablaba de su vida como misionero en el Amazonas, en el Ecuador. Así comencé a enamorarme de la idea de ser carmelita...

Han pasado algunos años, más de treinta. Y ahora desde Roma quiero hacer esta crónica de una muerte anunciada. Hace quince días el P. General, en una fiesta en el Teresianum se me acercó para decirme que tenía una mala noticia que darme, *el P. Jesús Arroyo ha tenido un accidente muy grave con la bici en Burgos*.

Era Arroyo un carmelita descalzo que había dado toda su vida como misionero en Ecuador. Salvo un breve espacio de tiempo, dos años estudiando en Roma y un trienio como Delegado del Ecuador, su vida había sido la Misión Carmelitana de San Miguel de Sucumbíos. Allí llegó recién ordenado de sacerdote, allá por el año de gracia de 1981, cuando Raúl y yo comenzábamos en el

Seminario el Carmelo. Sólo recuerdo que una vez me contaron que había criticado duramente a ciertos personajes del ejército en Sucumbíos, en una Misa, porque tenían, algunos miembros de las fuerzas armadas, la costumbre de violar a niñas de unos catorce años. Cuentan que entró un alto mando del ejército a la sacristía y amenazó al P. Jesús, para que se dedicase a predicar el Evangelio. Sólo eso. Que igual podía tener problemas... Jesús dijo algo parecido a ... que predicar el Evangelio era defender a los más débiles y que lo seguiría haciendo. Y que seguiría denunciando las barbaridades que él viera... Una breve anécdota para comprobar la radicalidad de Arroyo.

Pasaron los años y en febrero de este año (2013) fui al Ecuador. Iba a predicar unos ejercicios a los sacerdotes de Yaguachi. Y de paso, y gracias a Monseñor Aníbal Guerra OCD, me acerque a Quito. Allí, en el aeropuerto, me esperaba Jesús. Fuimos en taxi hasta Santa Teresita. Y comenzamos, ya desde el principio, a hablar de Sucumbíos. Hacía poco menos de un año, que los frailes, entre ellos Arroyo, habían abandonado la Misión, por orden del Papa. Me reuní con casi todos ellos, hablamos, dialogamos, no entendían que fuera yo el que debía hablar de Sucumbíos en el próximo Congreso Misionero de la Orden, pero lo aceptaban...

Recuerdo haber hablado mucho con Jesús. La conclusión que saqué fue que la Misión era su vida y su vocación, que se hizo carmelita descalzo para vivir en Sucumbíos. Y que el hecho de haber tenido que salir, era muy duro... Lo estaba aceptando, le costaba, pero, poco a poco lo iba asumiendo... Hasta me comentó que, confesando en Santa Teresita, sentía que administrando el sacramento de la Reconciliación podía, y de hecho hacía mucho bien... Pero seguía soñando en volver a la Misión...

En estos días leí, en un blog, auspiciado por los Heraldos del Evangelio, con este titular y haciendo referencia a su accidente. Este era el titular: *Una noticia preocupante y que hace pensar*.

> Y pedimos oraciones, por su conversión y salvación. Pues aunque para muchos que no lo han conocido en nuestro Vicariato pueda presentarse como una «buena» persona, lamentamos tener que reconocer que por lo hecho aquí durante sus años de acción «pastoral», no podemos considerarlo tan bueno así. Pero nuestras oraciones no le faltarán, pues queremos la salvación de todos[5].

Estas son las palabras textuales. Mejor no valorarlas. Y es que el problema venía por que los Heraldos del Evangelio, que sustituyeron a los Carmelitas, también fueron invitados a dejar la Misión de Sucumbíos.

Todo se resume en que fue un choque de mentalidades y de entender el mensaje evangélico. Unos, Heraldos, desde la concepción de salvar almas; otros, los Carmelitas, desde la salvación integral del ser humano. No olvidemos que en Sucumbíos acaban de ganar un pleito a la Petrolera *Chevrón*, por el vertido indiscriminado de vertidos petrolíferos que han arruinado la vida de muchas personas en Sucumbíos, o el problema de los refugiados colombianos en Ecuador… Sé como Archivero que soy, que hay documentos que pueden escocer en las conciencias y este es uno de ellos, no lo debería contar… pero como un homenaje a Jesús y a todos los misioneros carmelitas de Sucumbíos, pongo lo que él me contaba en un mensaje privado.

> En cuanto al tema del ACNUR, te lo cuento tal como lo he vivido. En cuanto supieron que el Vicariato iba a ser entregado a los Heraldos del Evangelio nos convocó el segundo de abordo de ACNUR en Ecuador. Nos reunimos Juan Berdonces, Amparo Peñaherrera por la Federación de Mujeres y un servidor. Luis Varese, que es esta

---

[5] http://sucumbiosecuador.blogspot. Martes, 19 de junio 2012.

persona que nos convocó vino de Quito «ex professo» para decirnos que con ellos no podían continuar en el convenio que era modelo dentro de la institución y que estaba entre el Vicariato y el ACNUR. De hecho nunca se renovó. Las razones de la alarma por Luis, peruano que trabajó décadas en el ACNUR (se acaba de jubilar hace pocos meses) es que cuando el golpe de estado de Chile donde murieron miles y fueron torturados más miles todavía (año 1973). Luis estuvo trabajando para ACNUR en Santiago sacando refugiados fuera del país. La gente de Tradición, Familia y Propiedad (TFP) actualmente Heraldos del Evangelio al meterse dentro de la Iglesia obstaculizaban su trabajo y entregaban a la gente de izquierdas a los militares. Nos hizo ver el drama de que esa gente esté en la frontera con más movimiento de refugiados de América Latina que es la frontera entre Ecuador y Colombia. De hecho fue la constatación de todo su interés por adentrarse en la frontera misma del Putumayo y el San Miguel y los hechos de violencia con el P. Raúl sucedieron allí.

Cuando vinieron a visitarnos los Padres Pedro Tomás Navajas y Emilio tuve interés en que escucharan a la gente de ACNUR y estuvimos en su oficina donde se nos dio toda la información oficial y confidencial sobre la importancia de que quienes estén en ese lugar sea gente imparcial, pues es la herramienta para poder auxiliar a quienes son los destinatarios de su misión. Sucede lo mismo que con la Cruz Roja u otros organismos de ayuda humanitaria. Eso les hace flojos en los pronunciamientos, pero los hicieron muy claros incluso en una entrevista personal con el Canciller del Ecuador. Los Heraldos fueron a la frontera con policías y militares en sus primeras idas. Eso ya dice casi todo sobre su concepto.

Como les dije a Pedro Tomás y a Enrique cuando escucharon lo que Xavier Creach, francés encargado del ACNUR en Sucumbíos, se trata de un tema de lesa humanidad. Mi dolor ante la tibieza del centro de la Orden cuando se tenía que mojar por esas gentes tiene mucho que ver con este tema humanitario. Es muy fácil pedir que obedezcamos cuando no se ha vivido de cerca el problema de los refugiados y sus historias, realmente truculentas. Termino indicándote que me ha venido a la mente en no pocas ocasiones la película de «La Misión», que creo que ya has visto.

Arroyo pensaba que la salvación del ser humano hace referencia a todo él y que había que acabar con las estructuras injustas de pecado y luchar por un mundo más humano, más divino, en definitiva. Has muerto, amigo y hermano Jesús, de una manera inesperada y tonta, bajando en bici por una cuesta larga y pendiente. Quizá sea la imagen de lo que significaba para ti la vida sin Sucumbíos (la locura de seguir a Cristo a toda velocidad). No lo sé, pero espero, si es que te has salvado, que sigas intercediendo por todos aquellos por los que gastaste tu vida.

Así se despidió de mí, hace unos días. Espero que también os mande un abrazo a todos los que habéis leído estas páginas. «Por otro lado, efectivamente lo que Juan Cantero y yo podemos aportar es más experiencial (se refiere a la conferencia sobre Sucumbíos en el Congreso Misionero de San Roque, Brasil), es la parte que solamente nosotros podemos dar y creemos que tenemos que aportarla. La verdad que no he comenzado a escribir. Mañana viajo a Madrid y Ávila para verme con Gonzalo. Estoy pensando retirarme para escribirlo tranquilo a Villahoz, soledad castellana que puede inspirarme. Te mando un abrazo: Jesús M.ª Arroyo».

Descansa en paz, hermano.

Las lágrimas de Stoichkov

Ayer, miércoles 11 de marzo de 2015, fuimos a la audiencia con el Papa Francisco. El motivo era doble: presentar el bastón de la Santa al Papa y acompañar a un grupo de peregrinos de Ávila y Alba de Tormes. El día anterior el P. Bergara, con mucho esfuerzo por su parte, consiguió las entradas para la Audiencia (en la Piazza di San Pietro) y un puesto especial para los acompañantes del bastón (tres laicos y el P. Antonio, secretario general del quinto Centenario del nacimiento de santa Teresa).

La noche anterior, sobre las 10,00 de la noche, el P. Antonio me preguntó por la llave de la habitación en la que tenía que dormir el Sr. Juan Borrego, encargado de la Información de la Orden, y resulta que sobre la mesa de la portería me encuentro, de sopetón, con un sobre de la Casa del Papa dirigido al P. Antonio o al P. Emilio, vicario general. Le digo a Antonio que lo abra. Lo abrimos y nos encontramos que tenemos 100 puestos en el «Sagrato», es decir, muy cerca del Papa. Llamo dos veces al P. Vicario y no coge el teléfono. Subimos, el P. Antonio y un servidor, tocamos la puerta y sale el P. Emilio. Le comunico la buena nueva y henchido de la emoción y con los ojos vidriosos, por tan augusto momento, agradece al bueno de San José, que tiene en una pequeña imagen en la puerta, este milagro… Luego hay que ponerse en contacto con el P. David, consiliario y padre espiritual de la peregrinación, llamo al teléfono con el que me habían llamado por la mañana. La voz es la de la guía de la peregrinación, voz que denotaba que estaba a punto de dormirse… (eran sobre las 10,15 de la noche). Me dice que el P. David, estaba fuera cenando. Luego, gracias al P. Antonio descubro que estaba por el Trástevere. Al final quedamos a las 8,00 de la mañana enfrente del dicasterio de la Congregación de Religiosos.

El día de la audiencia, después de la misa comunitaria de rigor y de la chambela (luego me entero que era del día anterior, así estaba de correosa) del desayuno, cogemos un taxi, el P. Julio y un servidor, acompañados de Paulose y de Juan Borrego. A las 8,00 llegamos, vemos a los peregrinos y poco a poco nos encaminamos a nuestro lugar. Un señor de Ávila me agradece el lugar dónde nos han colocado los de la casa pontificia. Al mismo tiempo veo que se acercan los PP. Antonio y Jerónimo, con los tres laicos del «Camino de Luz». El mayordomo me pregunta por el P. Vicario. Digo que no está que no ha podido venir, estaba enfermo, pero que está el P. Antonio que es él, el que acompaña el bastón. Y me despido de los componentes del «Camino de Luz» … bueno, el pobre Jerónimo se queda con nosotros… otra vez será, le digo, y encaja, con la serenidad africana, el golpe recibido. Ellos tendrán la fortuna de poder hablar y mostrar el bastón al Papa.

Nosotros esperamos en nuestro lugar asignado a que empiece la audiencia. Antes de empezar veo a muchos obispos, vestidos de talar, y con los ojos rasgados. Me doy cuenta de que son los obispos de Corea. Me levanto y empiezo a decir en voz alta, Monseñor Peter, Peter Chung… y todos los obispos me miran… no dicen palabra. Busco con la mirada y al final el último, aparece Peter. Voy y le doy la mano y un abrazo. Le comento que está más delgado y sonríe. Luego se acercan los demás frailes (Julio, Paulose, David…) y le saludan. Al final, le digo que ya se han ido todos los obispos coreanos… que se dé prisa… Sonríe, y antes de irse, le beso el anillo. Ya que no podré besar el del Papa… beso el de un buen hermano de hábito, que es sucesor de la misión de los apóstoles. Grande Peter, pienso y sonrío, y me acomodo en mi sitio.

Aparece el Papa, y la gente se levanta, se suben sobre las sillas, monjas, frailes y todo *pichi-gato*, se comportan de forma extraña. Las sillas son para sentarse me decía la maestra en la Escuela. Y siento llorar un niño… Me doy la vuelta y un chaval de unos diez años llora desconsolado. Quiere ver al Papa y la gente no le deja. También quiere saludarlo… esto ya es más difícil. Su padre le consuela en búlgaro y poco a poco, la llantina desparece. Su hermanita mueve con alegría la bandera con los colores vaticanos y la cara de Francisco. (Se la había regalado unos minutos antes… a mí me la había dado la alcaldesa de Alba de Tormes).

El Papa da la vuelta alrededor de la Plaza San Pedro. Luego se sienta y comienza la audiencia, habla con la lentitud propia de los sudamericanos y se le nota resfriado… La catequesis es sobre el rol de los abuelos en nuestra sociedad y su importancia. Recalca el valor del papel de su antecesor, Benedicto XVI, que es un anciano que reza por la Iglesia. Ancianidad y oración deben ir unidas y deben ser un ejemplo para los más jóvenes. Luego empieza la verbena de las lenguas, en la que se hace un resumen de la Catequesis que ha impartido el Papa. Inglés, francés, español, portugués, polaco, alemán… y hasta en árabe, guiño a las comunidades cristianas que hablan esa lengua y son perseguidas. Termina la audiencia en italiano y habla un poco del Vº Centenario del nacimiento de la Santa. Y comienza el besamanos: todos los obispos coreanos saludan al Papa y hablan un poco con él, el último nuestro Peter, luego un obispo de rito oriental. Y el bastón no pudo subir, como estaba previsto… Después el Papa saluda a los fieles y posteriormente hace lo mismo con los privilegiados que se encuentran en primera fila, entre ellos los del «Camino de Luz». No llega al minuto lo que hablan con el Papa, él pregunta con su acento porteño, ¿Con este bastón andaba la vieja? Y a continuación le da un respetuoso beso… (Esto lo sé después…).

Nosotros esperamos un poco… con la idea de ver un poco más de cerca al Papa… pero no llega (estábamos cerca del Papamóvil) y cansados nos vamos. Luego una pequeña carrera para coger nuestro autobús. Un negro se cachondea de nuestro correr, con hábito incluido. Cogemos el bus. En el bus hay una pareja latinoamericana. Pregunto y me dicen que el muchacho es de Colombia y su mujer de Bolivia. Yo estuve en Bolivia, cuando era más joven, y hablamos de su tierra. Y me voy con un Dios os bendiga. Y llegamos. Y en el refectorio comentamos lo vivido. Algunos preguntan con cachondeo… y fin de la audiencia.

Me quedo con las bellas lágrimas del niño búlgaro «Stoichov», símbolo de la inocencia y del dolor sentido por no poder ver y tocar al Papa… y del abrazo fraterno con Mons. Peter Chung, ocd.

No creo que vaya a más audiencias… aunque nunca digas de este agua no beberé…

Buen viaje, padre

Este es el deseo, muchas veces protocolario, que nos deseamos cuando emprendemos un viaje. Esta es la frase, que, con cierto retintín, me ha dedicado la dependienta de «Ventas y atención al cliente de Iberia» en la T4 del Adolfo Suárez-Barajas de la capital de España. Y todo ello ha venido después de dos cancelaciones con Ryainair, el miércoles y el jueves, por la huelga de controladores aéreos franceses (pobres controladores, estresados que están…). Hago un *excursus*, y pongo en el folio a todos los curritos que con menos de 1.000 euros tienen que llegar al final de mes, y de quejarse nada, pues les pegan una patada en sálvese las partes… y a otra cosa mariposa… Pobres controladores, que hablan inglés desde su más tierna y delicada infancia… y no sigo porque todos me entienden y en boca cerrada, no; no entran ni salen moscas…

A lo que iba. Hoy es viernes, 10 de abril. El 8, por la noche, después de dos cancelaciones, pido a mi hermano de hábito y de comunidad, Rafal, que me saque el billete más barato para volver a Roma, a ser posible el viernes, día 10, porque hasta el sábado, día 11, no voy a poder volar con Ryainair. Las cancelaciones desde Madrid a Roma por la huelga francesa me dejan, más que intrigado… no será que la compañía irlandesa tiene problemas en Francia… y ataca, haciendo que los viajeros se pongan de uñas, contra el común enemigo gabacho… si es que hay que ser un malpensado… mejor no… pero la dejo caer…

Bueno, que al final me consigue el billete el mismo 8 de abril por la noche. El 9 me pongo en el ordenador con lo de la tarjeta de embarque… y nada, que me dice la maquinita que tengo que ir al aeropuerto a tramitarla… (me suena mal). Escribo a Rafal y me dice que tranquilo, que no hay problema… que presente mi DNI y que seguro que me la dan. Yo después de dos cancelaciones… no las tengo todas conmigo. Si algo va mal… puede acabar peor… y así fue.

Llego a la T4, a las siete de la mañana, y voy a hacer mi tarjeta de embarque. Hago todos los pasos y zas, número de tarjeta de crédito… yo no la tengo, pues me han sacado el billete desde fuera con una tarjeta con la que suelen sacarnos los billetes de avión (a aquellos que no tienen tarjeta de crédito propia, como es mi caso…). Se lo digo a un chico y chica de Iberia que trabajan al lado de las maquinitas (lo de estos cacharros es para otro artículo) que dan las tarjetas de embarque. Me dicen que vaya a «Ventas y atención al cliente» y que sea muy humilde… Pienso, sí lo he sido toda mi vida… Y allá voy, una señora o señorita (¿qué más da… o no da igual… *chi lo sa*?) Me atiende. Doy mi impreso con mi billete electrónico y mi DNI (creo que es el que atestigua quien soy y dónde vivo y que existo y que…). Pero nada. Debo enseñar la dichosa tarjeta con la que han hecho la compra de mi billete. Digo, que no es posible, que yo no la tengo. El que la posee está en Polonia, ya que a su padre le han operado del corazón… La dependienta me contesta diciéndome que si quiero volar a las 08,45 tengo que pagar en metálico 205 euros. Me quedo a cuadros. Y pienso, mierda de mundo, me viene a la mente las personas que en un momento de «locura transitoria» se dejan llevar por sus instintos… Yo no. Gracias, papá y mamá (me habéis enseñado a ser una persona… las lágrimas me ciegan los ojos, en estos momentos cuando tecleo estas cuatro letras mal ensartadas…). GRACIAS de VERDAD. Saco 205 euros, dos lechugas y uno de cinco, los dejo en el mostrador de «Ventas y atención al cliente» y la dependienta entra y sale un par de veces, me da otro billete electrónico. Digo que en otras compañías nunca he tenido este problema… me dice que la «letra pequeña» dice que en Iberia la cosa funciona como ella me está diciendo. Pido un resguardo de que abonarán, ya sólo 150 euros, a la tarjeta de crédito con la que me habían comprado el billete. Vuelve para decirme que faltan 63 centésimos de euro. Saco otro billetito de 5 y me da las vueltas. Pregunto si será tan amble de darme la tarjeta de embarque y me dice que me ha puesto en ventanilla. Miro sorprendido. Y me desea un buen viaje, padre…

Me voy aturdido, humillado y con unas inmensas ganas de llorar, como cuando era niño… Se me pasan y después del paso del control, que por cierto, el ganado pasa mejor por las cañadas reales, que los humanos por un control de aeropuerto, llego a las tiendas, templos de nuestros días, donde anuncian y venden de todo, e informan de mala gana las puertas de embarque. Después de preguntar a una Señora de la Limpieza… me encamino a mi puerta de embarque. Llego, está medio vacía, doy una vuelta, confuso y pensativo y poco a poco llegan los trabajadores de Iberia. Entramos por grupos, primeros los *business* (que manía con los vocablos anglosajones, con la de palabras que tenemos en castellano, preferente, por ejemplo) y los que llevan su tarjeta de Iberia, y así poco a poco. Entro, me acomodo y veo que tengo tres niños detrás, benditos niños, disfrutad ahora que podéis… Hago un buen viaje, pensando en lo que debo escribir, y en que la chica que va delante echa para atrás su butaca… yo no hago lo mismo, porque creo que hay que tratar a los demás como nos gusta que nos traten a nosotros. Buen aterrizaje y conversación con una de las madres de las criaturas. Me pide perdón por las molestias recibidas por sus hijos. Me río. Y le cuento lo que me había pasado. Perpleja se queda. Y me dice, y con razón: si alguien te quiere regalar un pantalón te lo compra y te lo da, y punto. Como el billete de Iberia, pues no. Un billete de Iberia no se puede regalar a una persona. No y punto. Y si se hace, tienes que pagar una pequeña tasa, 55 euros, entre gastos de tarjeta y multa. Y salgo del avión y el piloto y el sobrecargo me dan las gracias por volar con ellos. Y yo respondo: hasta la próxima...

Teresa, Madre Teresa, devuélvenos la alegría…

Así comenzaba una de las canciones del disco que tuvimos la fortuna de aprender, y cantar y ensayar, una y otra vez, (el P. Antonio Mingo era el director de orquesta) en el curso de 1981-1982 en el Seminario el Carmelo de Armunia. Yo era un niño de once años recién cumplidos que llegaba al Colegio Preparatorio de los Carmelitas Descalzos de la Provincia de Burgos. Llegaba con la idea de jugar al fútbol y de estudiar (esto bastante menos…). Así fue mi primer contacto con la madre Teresa. Horas de ensayo aprendiendo las canciones del IV Centenario de la Muerte de la Santa de Ávila.

También recuerdo que los frailes prepararon un concurso. En el concurso para los ganadores había un fabuloso viaje a los lugares teresianos: Ávila y Alba de Tormes. Nos dividieron en grupos de todas las edades (desde 6º de EGB hasta 3º de BUP) Había torneo de futbito, de redacción, de preguntas y respuestas… Y nada, que mi grupo ganó y nos fuimos gratis de excursión… era la excursión que se hacía a finales del curso, todos los años… Así conocí, y gratis, los lugares teresianos. Sólo recuerdo la Basílica de Santa Teresa en Alba, que estaba construyéndose… y que así continua… y que a mí, niño de once años, llamó poderosamente la atención… Una gran iglesia… sin cubrir y sólo con cimientos y alguna que otra columna y pared…

Y poco a poco conocí el Carmelo y a sus hijos e hijas (la primera vez que entré en un locutorio quedó grabada como fuego

CRÓNICAS DE UN FRAILE

en mi mente… ahí, ya tenía los dieciséis años). Fue el Carmelo de León.

Y entré, primero en el postulantado y luego en el noviciado en Reinosa. Y comencé a leer a la santa. Así la conocemos los carmelitas, como si fuera la única… así es para nosotros, la Madre, la Maestra, la Fundadora… la Santa. Y al principio, me costaba leerla, tenía que poner mucha atención y muchas cosas ni las entendía… Me gustaba, y mucho, leer el *Tiempo y Vida de Santa Teresa* del P. Efrén y del Carmelita holandés. Su vida, la España del siglo XVI… la historia de la Santa.

Nunca he sido un gran conocedor de su doctrina, digamos que me deflendo, sobre todo, utilizando los buenos estudios del P. Tomás Álvarez, y de tantos estudiosos de su doctrina y vida.

Yo siempre he sido más de la historia. Y así estudié su tema del patronato sobre España. Tema apasionante donde los haya. Y conocí a una santa que fue abanderada de unos y perseguida por otros, entre ellos, el gran escritor Francisco de Quevedo y Villegas. Una España dividida entre santiaguistas y teresianos. Pero las causas que movían a unos y otros eran muy diversas: religiosas, políticas, y hasta económicas.

Y nada, que ahora estoy en el Archivo de la Orden, y escribo estas líneas para expresar mi alegría por haber conocido a esta mujer santa. La santa para nosotros, y para casi todos los habitantes católicos de España. Ahora entiendo un poco sus escritos pero, sobre todo, quiero entender y hacer vida su idea de fraternidad. Creo que esto es lo más importante, sus recreaciones, su *juntos andemos Señor*. Su decirnos, por activa, pasiva y hasta perifrástica, que lo más importante para una carmelita y un carmelita, que no carmelito como decía el santo Juan Pablo II, es la vida de comunidad. «Aquí todas se han de querer, aquí todas han de ser amigas». Sin olvidar que «mi Amado es para mí y yo soy para mi amado». Es decir, que la interioridad y la vida de oración, «tratar de amistad estando a solas con quien sabemos nos ama», es la que ha de llenar nuestra vida de carmelitas. Oración y fraternidad. Que así sea, Santa Madre Teresa.

P. D. en el recordatorio de mi profesión solemne... puse el slogan del IV Centenario de su muerte: *En estos tiempos son menester amigos fuertes de Dios*.

Sigue siendo válido.

Tanatorio

Mi segunda estancia en Santa Cruz de Tenerife se produjo en 2015 en octubre y allí estuve hasta octubre del 2016. Un año. Aterricé en la isla después de mi paso por Roma. El cambio fue drástico de estar entre documentos a volver a trabajar pastoralmente. Me llamó la atención que la mayoría de los feligreses eran casi los mismos que dejé en 1999. Una feligresía muy envejecida, demasiado. Me tocó en suerte ser el capellán del tanatorio de la isla los sábados. Tenía que despedir con una liturgia, normalmente de la Palabra, rara vez con Eucaristía a todos los finados. Fue una experiencia dura pero muy bonita y profunda para mi vida. Todavía recuerdo que los viernes, al meterme en la cama, pedía al Buen Dios que, por favor, no fueran muchos los difuntos… Mi récord fue despedir en un día a siete. Tengo varias anécdotas de aquellos sábados necrológicos.

Recuerdo, como si fuera hoy, la despedida que tuve que dar a un suicida. La mirada reprobadora de la mujer al féretro. Pero sobre todo me impactó la hija. Una muchacha de unos diecisiete años. Todos sus compañeros de clase estaban arropándola. Ella estaba destruida, hundida… no hay adjetivos para describir su dolor. Yo, como siempre, pronuncié unas sentidas palabras. Y quiero recordar que no somos quién para juzgar los actos de nadie, sólo Dios sabe y Él es misericordia y bondad infinitas. Terminé y me fui a la sacristía. Salí despojado de mis vestiduras sacerdotales. Y me encontré a la muchacha tirada en el suelo. Sus amigos no podían consolarla y estaba desesperada. Era una imagen que transmitía el dolor de una hija que ha perdido a su padre suicida. Volví a la sacristía y me revestí. Me acerqué, me tumbé con ella y la empecé a susurrar que tenía que demostrar que amaba a su padre siguiendo el camino de su vida. Que ella ya no podía hacer nada. Qué tenía que tener valor y alzarse del suelo. Y no sé qué más le diría. Se incorporó le enjuagué las lágrimas y sus compañeros se la llevaron. Me sentí feliz de ser sacerdote y de poder hacer algo por la gente. Acabé muy cansado…

Me viene a la mente la muerte de una mujer un poco más joven que yo. Se iba a casar cuando un cáncer fulminante le arrebató la vida. Era hija única, sus padres estaban desolados, como para no estarlo. Recé, hablé con ellos, les tranquilicé. Y volví a sentirme contento de que Dios me hiciera instrumento suyo en estos momentos tan difíciles. También tuve experiencias negativas. Recuerdo a un motero, también de mi edad, que murió en un accidente. Me acerque a la sala dónde le estaban velando. Su compañera me dijo que ni él ni ella creían en Dios. Lo acepté, les di el pésame y me fui del velorio… iba rezando por su eterno descanso, por lo bajinis. La última experiencia que quiero recordar es la de un italiano. Murió en Los Cristianos. No había nadie en su despedida. Los del tanatorio me dijeron que tenía que hacer el paripé, que me revistiera que me pusiera delante del féretro y que me harían unas fotos para mandárselas a su familia en Italia y que quedaran tranquilos. Yo hice los ritos litúrgicos como si la capilla estuviera a rebosar. Hasta creo que dije al finado algunas palabras en italiano. Palpé la soledad de la muerte y que yo fuera el único en acompañarle en su despedida terrena. Me viene a la memoria, mientras esto escribo, la figura de un trabajador de la funeraria. Era muy grande y fuerte. Me dijo que nunca tuviera miedo a los muertos, que el respeto hay que tenerlo a los vivos. Éstos últimos suelen ser más peligrosos. Y ya que estábamos en plan confidencial le pregunté si no le daba cosa el amortajar. Me dijo que no. Solo me explicó que cuando tenía que hacerlo con un niño, él lloraba como un niño pequeño. Era lo único que no entendía de su trabajo…

Pero de aquel servicio pastoral me quedo con el gracias de tanta gente. Siempre trataba de dar lo mejor de mí mismo en todas las celebraciones. Unas lo conseguía, y otras, no tanto. Creo que un sacerdote nunca tiene que ser un funcionario. Siempre tenemos que tener pasión y compasión. Esta es la fórmula para llegar al corazón de las personas. Termino, siempre solía rezar por el eterno descanso un Ave María pidiendo la protección de la Virgen del Carmen, para algo soy carmelita. Un día, una viuda canariona, una vez terminada la celebración, se acercó y me dio un gracias enorme. Ellas y sus hijos me dijeron que cómo sabía yo que el finado era marinero… yo les dije que no lo sabía, que era carmelita descalzo y que mi patrona siempre acompañaba a todos los difuntos, y sonriendo les dije, y más aún si son hombres o mujeres de la mar.

El aplauso

Día de Pascua de Resurrección. Estos días he estado de cura rural en Burgos celebrando la Semana Santa en varios pueblos. La pastoral, para uno que trabaja con documentos es fundamental. Han sido días de trajín. Coche va, carretera viene. El Jueves Santo hemos comido mi amigo el cura Fernando y yo, solos. Es el día del sacerdocio y cuanta soledad arrastran los curas rurales y los urbanos. Y la soledad aunque sea sonora, como diría el bueno de Juan de la Cruz, es soledad. Hemos tenido un poco de todo, confesiones, misas y los oficios propios de estos días. El sábado hemos hecho hasta un pequeño paseo y hemos saludado a otros sacerdotes perdidos por la inmensidad parroquial del norte de la provincia de Burgos. Visitar a los hermanos es gratificante.

Pero lo más hermoso me ha acaecido en el pueblo de Santa Cecilia. Si no tiene ayudante Fernando, celebran la misa dominical a las 10.30 de la mañana, muy pronto para los pueblos de Burgos. Es una pequeña iglesia entre gótica y renacentista y muy fría en invierno. Gente que va a misa poca y mayor. El domingo de Pascua celebran primero la procesión del encuentro y luego la misa. Primera sorpresa muchos niños, más de diez, sus padres y sus abuelos. Estos últimos son los que van a la misa dominical. Serían en total más de cien. Todo un récord para un pueblo donde van los domingos unos veinte o treinta.

La procesión muy sencilla con sus romances cantados. Los niños llevan una imagen del niño Jesús y las madres a la dolorosa. Se encuentran en la plaza mayor del pueblo. Y a la Virgen dolorosa le quitan el velo negro, porque Cristo ha resucitado. Cantan más romances y a la iglesia. Allí piden al cura que salga de la sacristía para celebrar la Santa Misa. Y sale, y les pide a los cuatro niños que estén cerca de él en el altar y ahí se quedan. Lecturas y homilía. Y veo y siento que hoy es un día para evangelizar. Siento que no debo decir cuatro palabras, sino que todos vivamos y entendamos este misterio de la Resurrección, del paso de la muerte a la vida. Y hago la homilía con los niños, y les pregunto que cuándo se sienten contentos. Y me responden que cuando les regalan algo, o los invitan a un cumple… Y yo les digo que hoy es un día para estar muy contentos, porque Cristo ha resucitado y sigo hablándoles y preguntándoles. Y termino rápido y viendo que todos han estado atentos… sobre todo los padres de los niños. Y luego hacemos las renuncias y promesas de nuestra fe. De manera dialogada y sencilla. Y les pido a los niños que pidan cosas a Dios. Y piden por la Paz, para que no haya hambre… Y todos siguen atentos. Y continúa la misa y antes de la consagración les explico los símbolos y signos del sacramento de la Eucaristía. Y en la Plegaria les pregunto que cómo se llama el Papa y responde uno que Francisco y el obispo, igual. Y digo que han hecho un chiste diciendo que los curas somos los hombres de Paco, ríen los mayores los niños no lo entienden. Y rezamos el padrenuestro, unidos de la mano todo el pueblo. Y cuando termina la misa y hago la genuflexión de rigor delante del Santísimo oigo un aplauso fuerte y rotundo. Y me emociono por dentro. Y me siento feliz de ser sacerdote.

Y después tomo con la gente la rosquilla y bebo con ellos la limonada. El aplauso es para después de una actuación del género que sea. Pero yo conozco a los hombres y mujeres de mi tierra. Fríos como el témpano y las iglesias de la cuenca del Arlanza. Que no suelen demostrar sus emociones. Ese aplauso se ha quedado en mi interior para siempre. Ha sido muy, pero que muy gratificante. Y sobre todo me sigue animando a predicar el Evangelio de Jesucristo allá donde vaya. Gracias os doy a los feligreses de Santa Cecilia.

El premio

Estando en Córdoba y siendo profesor del Colegio Virgen del Carmen trabajé en mi tesis doctoral. Los tiempos habían cambiado y todos los años tenía que conseguir unos créditos, asistiendo a congresos o a cursos en la Universidad. Así, un año fui a Lisboa y por casualidades del destino, tuve que dar una conferencia en la Biblioteca Nacional Portuguesa. Encima lo di en español y luego me preguntaban en portugués. Fue una experiencia muy enriquecedora y después y para mis adentros y sin que se notara demasiado, me sentí satisfecho de haber hablado en tan importante lugar.

Otro año tuve que asistir en Córdoba a un Congreso sobre Turismo. Así conseguía los malditos créditos de los nuevos planes de investigación para obtener el ansiado título de doctor. Al siguiente año me invitaron a que hiciera una comunicación, y la hice. Versaba sobre el *Quinto Centenario del nacimiento de santa Teresa de Jesús*[6]. *Hecho religioso e implicaciones culturales y turísticas del hecho.* Lo hice para conseguir los famosos créditos. Debo reconocer que lo hice por hacer. Y el día de la comunicación mi cabeza no estaba en sus mejores momentos. La gente me felicitó. Decían que había sido muy buena la comunicación. Yo pensaba que había sido una cosa normal… El último día los organizadores del Congreso me dijeron que por favor estuviera en la entrega de premios y en la conclusión del Congreso. Y allí

---

[6] file:///C:/Users/Usuario/Downloads/Dialnet-VCentenaryOfTheBirthOfSaintTeresaDeJesus15152015Re-7416018.pdf. Consultado el 4/11/2024

fui. Pensé me darán el tercer premio. Leen el nombre del que ha de recibir el tercer premio y no era yo. Me empiezo a mosquear, me digo para que me habrán hecho venir. Dicen el ganador del segundo premio, y tampoco soy yo. No lo entiendo, me repetía en mi interior. Y con un poco de prosopopeya, típica de la entrega de estos premios, dicen que la mejor comunicación científica[7] del Congreso es la realizada por este humilde servidor. Aplausos y miradas. Y yo perplejo. Pienso medio aturdido, es a mí. Me levanto del patio de butacas, estaba casi al final y voy al estrado. Felicitaciones de rigor y entrega del diploma. Lo agradezco y hago el ademán de irme. Y me dicen, no te vayas, di unas palabras. Voy al micrófono y digo un escueto muchas gracias, no sé si me merezco este premio, pero lo agradezco y mucho. Les digo que nunca había ganado un premio en nada. Me quedo pensativo y suelto, un perdón… Sí, gané un premio al que mejor leía de la clase cuando era muy pequeño y me regalaron unos libros muy chulos, que a día de hoy conservo. Gracias y me fui.

Luego fui al convento y puse el premio en la mesa del refectorio. Los frailes con menos estudios, suele ser siempre así, los dos hermanos: Joaquín y Antonio. Me dieron un gracias y un apretón de manos. Se reían y me decían, *Óscar, tú vales mucho*. Y nos reíamos. Luego entró un fraile profesor, de cuyo nombre me acuerdo pero que no plasmo en este escrito. Miró el premio y no hizo ningún ademán ni de alegría ni de tristeza. Una especie de mueca burlona fue su respuesta al ver el premio. Yo sonreí en mi interior y me acordé del refrán que me decía mi madre de niño: *si la envidia fuera tiña, ¡cuántos tiñosos habría!* Y sonreí en mi interior.

---

[7] https://www.hosteltur.com/comunidad/nota/018123_premios-por-el-v-congreso-internacional-cientifico-profesional-turismo-cultural.html. Consultado el 4/11/2024.

Rápidamente colgaron la concesión del premio en la página web de la Provincia y del Colegio de Córdoba y en la prensa local. Para hacer aquel artículo pedí información a un archivero de cuyo nombre me acuerdo y no se me olvida. Todavía, el premio fue en (2019), a día de hoy y han pasado cinco años, no he recibido la información requerida, ni la contestación del susodicho fraile… Estos hechos me duelen, pero me enseñar a tratar de no ser cómo ellos.

Belén, piedras en Belén

Cuando niño cantaba el villancico de Belén, campanas de Belén, los ángeles cantan y nosotros, también. Es un recuerdo bonito de la infancia el casete con los villancicos y mi padre poniendo el árbol en casa con el portal de Belén y los adornos y mis hermanas y yo, cantando villancicos. ¡Qué tiempos los de la infancia!, que es cuando vivimos… Luego, sobrevivimos. Así es.

Ayer, por fin fui a Belén. 6 de febrero de 2020. Llevo desde el 11 de diciembre en Tierra Santa. Y me costó lo suyo ir a Belén. El capo carmelitano de estos lugares donde resido como huésped no entendía que quisiera ir a Belén. Me preguntó que: *per fare che cosa?* Y yo le respondí que creía que allí había nacido el Salvador del género humano. Al final, otros hermanos de comunidad me prepararon el viaje. Ellos compraban artículos religiosos y yo podría ver Belén. Y así fue.

Nos levantamos muy temprano, celebramos misa y nos pusimos en la carretera para ir a Belén. Paramos en un área de servicio. Pedí un café y en vez de echar sacarina le eché sal… no tomé el café. Eso de no tener don de lenguas… provoca estas situaciones, digamos hilarantes.

Pasamos por Jerusalén. Judíos ortodoxos por doquier. Hombres, jóvenes y niños. Todos con el típico gorro hebrero: *la kipá*. Cerca estaba el puente construido por Calatrava… no diré nada de él.

Frontera. Ya estamos cerca de Palestina. Muro. Pasaporte. No hace falta. Entramos. Me muestran el muro, digamos que, del llanto, parecido al del templo de Jerusalén, pero más moderno. El antiguo, de piedras; el moderno, de cemento. El primero, lleno de escritos en Hebrero; el segundo, con dibujos y escritos actuales, realizados por palestinos. Y zas. Chavales por doquier con piedras en las manos y carreras con los pies. Uno de ellos se abalanza sobre el coche. Frenazo y mirada del chaval, entre perdida, asustada y herida. Yo un poquillo asustado. Ya hemos entrado. Pregunto y me dicen los hermanos de hábito que esto es normal. Pienso, ¡vaya por Dios! Un fraile y la voluntaria van al negocio de un palestino a comprar mercancía religiosa. Yo voy con fray Roberto a las MM. Carmelitas Descalzas. Dos llamadas al telefonillo. Al final entramos, la bienvenida de la monja y de la postulante ha sido muy fría. En fin, la vida y sus circunstancias. Veo la Iglesia, que es de un neorrománico bastante bello. Y los restos mortales de la «pequeña árabe», una monja carmelita descalza que es santa: Mariam Baouardy, Santa María de Jesús Crucificado, ocd. Luego vemos el museo y el centro que las Madres han creado. Sencillo y bonito. Y el lugar, según visión de la santa carmelita, donde el Rey David fue ungido como tal.

Volvemos a buscar a los dos compradores. Y, camino a su encuentro, veo en primera persona lo que he visto tantas veces en el telediario. Jóvenes con el rostro tapado, con trozos de cemento en las manos, carreras y demás elementos de una guerrilla urbana. Veo dos tanquetas del ejército israelí con soldados delante de ellas, pertrechados con trajes militares y armas. Veo un poco de humo. Y no veo más. No quiero ver más. El piloto, fray Roberto, abre la ventanilla y me dice que haga una foto. Le respondo, cerrando la ventanilla y diciéndole que nos vayamos cuanto antes. Nos vamos y me pongo bastante nervioso. Recogemos a los otros dos, cargan el coche y vamos a otra casa. Yo sigo nervioso. Me ofrecen café. Y me tiembla entre las manos. Mis compañeros de viaje y de hábito ríen. Están más habituados a estos hechos. Yo, no. Poco a poco me calmo. Y veo la conversación con los palestinos que trabajan la madera y quieren que hagan unos llaveros de madera con el escudo de la Orden.

Ya estoy delante de la iglesia que alberga el lugar donde nació Jesús. Me hacen la foto en la pequeña puerta que da acceso al santo lugar. Hay que agacharse para entrar. Símbolo de un Dios que se agacha y se hace hombre. La iglesia es un conjunto de estilos y de diversos períodos artísticos. Hay una cola grande para ir a venerar el lugar donde, según la tradición, Cristo vino al mundo. Yo llevo puesto el santo sayal y puedo entrar por el atajo. El lugar por donde salen los turistas. Cuando entro está lleno de orientales. Casi no me dejan ni acercarme al lugar. Al final lo consigo, lo toco (mucho aceite) y no recuerdo si recé o no. Imagino que sí. Luego veo el lugar donde estuvo el pesebre. El lugar es estrecho. Hay mucha humedad y calor. Y turistas que pululan. Salgo. Y la verdad es que ni fu, ni fa.

Vamos hacia la nueva basílica construida por los franciscanos. Hay otra cueva donde San Jerónimo tradujo la Biblia al latín, la llamada vulgata. Hay misa. Y hay que esperar. Y decidimos irnos.

Ahora toca seguir comprando objetos religiosos. A mí fray Roberto me lleva a la llamada gruta de la leche. Donde estuvo la Sagrada Familia refugiada, según la tradición, mientras Herodes mataba a los santos inocentes. Hermosa parábola y demasiado actual. Esta gruta o cueva es blanca y se debe a que cayó una gota de leche del seno de María e hizo que la cueva quedara blanca. A este lugar vienen muchas cristianas parejas que no tienen hijos. A pedir un milagro a la Virgen. Otros, en otras cuevas, se deshacen de los que llevan en sus entrañas. Otra parábola.

Otra vez vamos los tres frailes y la voluntaria polaca a seguir comprando objetos religiosos. Otras dos tiendas y más de una hora de compras. Yo observo las tiendas y asimilo lo que estoy viviendo.

Ahora visitamos al campo de los pastores. Allí, fray Roberto me muestra los lugares donde estaban los pastores del Evangelio con sus rebaños y se les aparece el ángel para darles la Buena Noticia, Bashir en árabe, del nacimiento del Salvador del género humano: Jesús de Nazaret, que, por cierto, nació en Belén. El paraje es muy bonito: cuevas, pastos y hasta algún árbol en flor. En frente, el muro que separa Palestina de Israel. Y más arriba la nueva ciudad hebrea. Hay ruinas bizantinas y una pequeña iglesia católica decorada con frescos de la segunda mitad del siglo XX que nos muestran la aparición del ángel a los pastores.

Volvemos a la tienda. Después comemos. Y volvemos a la tienda y cargamos el coche de cerámica. Y ahora llega el salir de Palestina. Después de lo que hemos visto, pensábamos una salida complicada. Nos informan de que ha habido un par de muertos palestinos en Jerusalén. Preparo el pasaporte español y llevo puesto el hábito del Carmen. No hace falta ni lo uno ni lo otro. Ni nos paran ni nada de nada. Otra vez en Israel. Camino de regreso a Haifa. Mucho coche y algún que otro accidente.

Y llego al refectorio frailuno de Stella Maris. Y entró y me preguntan. Ya saben un poco lo que ha pasado. Y digo lo que pienso y lo que he visto. Y sigo sin entender este mundo. He visitado el lugar donde nació Jesús y también el rey David. He visto luchas desiguales. Turistas orientales. Paisajes memorables. Y el lugar donde nació el Príncipe de la Paz. Y creo que seguimos sin haber entendido nada. Y suenan, muy lejos, lejísimos, los villancicos de mi feliz infancia; Belén, campanas de Belén…

Jerusalén, Jerusalén

Era la única de las tres grandes ciudades de peregrinación ca-tólica que me faltaba por visitar. La primera que visité fue la gallega Santiago de Compostela, luego durante seis años viví en Roma, y el 15 de febrero del 2020 pude por fin ver Jerusalén.

Fui con el hermano de hábito Roberto. Elegimos un sábado, pues en Israel hay poco tráfico, ya que el Sabbat es el día de descanso para los hebreos. Salimos a las 6,00 horas y hora y media después, estábamos en la ciudad santa. Entré por la puerta de Damasco donde me hizo la primera foto rodeado de hebreos vestidos con sus trajes religiosos. La ciudad despertaba y el zoco estaba medio vacío. Fuimos al Santo Sepulcro y comenzamos a hacer cola para entrar al lugar donde Cristo resucitó. Mucha gente, alguno se colaba y tras 15 minutos desistí. Lo vi desde fuera. Continuamos visitando esta iglesia cuna del cristianismo. Fuimos hasta el lugar llamado Gólgota, dentro del mismo edificio y tuvimos que subir unas escaleras. Según la tradición está el agujero donde estuvo colocada la cruz. Hago una pequeña cola, llego, foto de rigor y poco más. ¡Qué poco piadoso soy! Luego fuimos visitando las diversas capillas y lugares. Al final toqué la piedra, que, según la tradición, tapaba el lugar donde enterraron a Jesucristo. La piedra estaba untada con aceite. Había mujeres, me dijeron que ortodoxas, que pasaban todos sus regalos por la piedra. Así quedaban bendecidos. Salimos. Y vi la columna par-tida… y me explicó que desde el siglo pasado hay una escalera de madera en la fachada que no han quitado… pues no sabe a quién de las diversas iglesias cristianas que están en la Basílica (católicos, ortodoxos, armenios, coptos…) pertenece… Toda una metáfora de las diversas iglesias cristianas…

Luego sigo visitando Jerusalén. El cenáculo, la iglesia donde cantó el gallo y estuvieron presos Pedro y luego Pablo. Parte de la vía dolorosa. Y el Muro de las Lamentaciones. A dicho lugar se entra como a un aeropuerto, con la máxima seguridad. Luego cuando te acercas al muro te tienes que poner algo que te tape la cabeza, una kipá de plástico… yo iba con mi visera y con ella entré. Todo lo contrario que en una iglesia que tienes que entrar con la cabeza descubierta como signo de respeto; en las sinagogas y en el muro del templo con la cabeza cubierta y en las mezquitas, sin zapatos. Tradiciones diversas… signos distintos y el mismo respeto. El muro estaba lleno de hebreos, era sábado. Entro por un lateral y veo a la gente leyendo la Sagrada Escritura, y balanceándose y cantando… y reunidos en pequeños grupos. Había un hebreo joven que parecía que estaba haciendo gimnasia agarrándose de un hierro y flexionando brazos y espalda. Ingresé con mucho respeto y observé un poco todo. Roberto me dijo de tocar el muro. Yo no quise. Fue toda una sensación especial. Estar en un sitio que he visto desde niño por la televisión.

Salimos y continuamos la visita. Vi la iglesia donde Jesús fue condenado a muerte: Litostrotos. Son unas ruinas romanas donde se ve el empedrado y el lugar donde según la tradición Pilatos condenó a muerte a Cristo. También estaba la piedra donde los soldados jugaban y sortearon las vestiduras de Cristo. Unas ruinas bonitas y llenas de significado. También vi el sitio donde Cristo estuvo encarcelado, y la celda de Barrabas, esto era en otro lugar que ya se me ha olvidado. Las ruinas me gustaron y me acercaron un poco a lo que allí sucedió. Lo mismo sentí en Betsaida que era el espacio donde Jesús curó al paralítico que no podía entrar en la piscina. Vi los restos de la cisterna. También la iglesia de Santa Ana, lugar donde nació María. Seguimos por la vía dolorosa y salimos por la puerta de los leones… Allí compramos un típico pan árabe y el chaval que lo vendía nos cobró de más, 8 shekels cuando lo normal es 4. Somos turistas… presa fácil para los vendedores. No me gustó el detalle y se lo recriminé al muchacho con una mirada severa. No se inmutó. En la vida parece que estamos hechos para engañar al otro…

Bajamos hasta el monte de los olivos donde hay varias iglesias. Una es el espacio donde Cristo oro solo y sudó sangre. Hay una gran piedra. Estaba llena de gente. Casi ni la pude ver. Piedras, grutas y sobre ellas: iglesias, algunas antiguas y la mayoría muy modernas. Eso es la Tierra Santa: piedras. Piedras que evocan lugares de la vida de Cristo. Luego vimos el lugar donde según la tradición tuvo lugar la dormición de la Virgen. Y otra capilla donde estaban rezando los apóstoles. Lo que más me gustó fue el Monte de los Olivos. Arboles muy antiguos y rugosos en medio de un bello césped. Sitio donde Cristo oró antes de comenzar su calvario.

Volvimos por el lugar del que habíamos venido. Otra vez bazar y vía dolorosa. Al fin comemos en un negocio árabe. Comemos pollo y bebemos agua. Salimos y me vuelve a encaminar otra vez al Santo Sepulcro por si puedo entrar en el lugar donde Cristo resucitó. Entramos por arriba que es donde están los Coptos. Todo como muy dejado de la mano de Dios. Al entrar un turista de lengua inglesa toma una cruz de madera y sonríe. Y le hacen fotos… yo pienso que la cruz es difícil de llevar y que sobran las risas. Luego pienso que el dolor igual es mejor con alegría. Aunque creo que la cruz no es un símbolo turístico o igual sí. ¡Qué lío! Vamos al Santo Sepulcro y todavía hay más gente que por la mañana. Así que decido que ya he visto lo que tenía que ver. Vamos dando el último giro como dicen los italianos, veo la torre de David y más cosas que ya no recuerdo. El coche está en el convento que los franciscanos tienen. Y nos vamos de Jerusalén para ver desde un altozano toda la ciudad. Un bello panorama.

Hoy retomo el artículo que no había terminado. Y lo hago después de conocer y de escuchar a una judía de religión, nacida en argentina y de origen sirio. Todo un galimatías. Ha tratado de hacernos ver, con mucha sutileza, que los seguidores de Cristo estamos un poco o un mucho equivocados, en fin… vuelvo a la crónica, si es que me acuerdo.

Y llegamos al alto y desde allí veo Jerusalén con el sol del atardecer. Paisaje precioso, mezquita con su cúpula dorada, murallas, tumbas de hebreos que creen en la resurrección. Muy bonito el panorama, de postal. Y ya Roberto me lleva a la última iglesia, también de franciscanos, con una piedra que dicen que es en la que subió Jesús antes de comenzar su entrada triunfal en Jerusalén. En el presbiterio hay dos franciscanos y cerca de él un ataúd abierto. Estamos de funeral. Y nosotros nos vamos. Y salimos con el coche por un barrio árabe. Lleno de coches. Por lugares donde solo pasan dos vehículos, pasan tres. Ruidos inmensos todos tocan la bocina. Y lo mejor de todo está por ver. Un coche conducido por una árabe y lleno de muchachos nos toca la pita. Se ríen, cantan, me río… Y conseguimos salir del barullo. Es otro mundo, pienso. Y vamos saliendo de Jerusalén. Me queda el último regalo de día. Una ciudad vacía, llena de judíos ortodoxos. Calles cortadas con vallas. Casi entramos, por culpa del navegador, en una de ellas. Me cuenta Roberto que podrían habernos apedreado por no observar el Sábado y ser infieles. Al final tomamos la calle correcta y sorteamos a un par de familias ortodoxas con sus vestidos y su andar por en medio de la carretera.

Ya tenemos que ir para el Sacrificio para comer un buen asado. Pero antes, mi buen compañero me pregunta si quiero ver Emaús. Le digo que sí. Y allí vamos. Es un sitio carmelitano y el lugar donde los discípulos conocieron al Señor Resucitado al partir el pan. Ruinas bizantinas, baptisterio, dos basílicas y almendros en flor. Veo un alto relieve, la foto, que me recuerda al pueblo donde nació mi madre: Santo Domingo de Silos. Y vemos un video de más de 20 minutos que nos cuenta la historia de Emmaus, ciudad judía, romana, bizantina, musulmana, hebrea y, sobre todo, cristiana. Los dos discípulos desanimados que reconocen al Señor por la pasión con que habla. Me gustó el lugar, el video y todo lo que me evocaba. Más que Jerusalén. Y compro una cerámica del lugar para tenerla siempre conmigo. Nos vamos.

Carretera y manta. Y vemos el muro que separa Israel de Palestina que se da la mano con la autopista. Y me digo, la última foto. Y busco la cámara y no la encuentro. Y paramos y no está debajo del asiento. Y la he perdido. En Emaús, donde los discípulos reconocieron a Cristo yo he perdido las fotos de Jerusalén…

Y poco más. Llegamos al Murraka y cenamos en fraternidad. Vuelta a Stella Maris. Y ya conozco Jerusalén.

Sinaí

E s un lugar emblemático e importante para judíos, cristianos y musulmanes. En él se siente la presencia de Moisés. Este ha sido mi último viaje por Tierra Santa. Madrugamos y mucho, pues a las cuatro de la mañana ya estábamos en el autobús, los frailes y las monjas de Haifa y Nazaret. Dos horas después llegábamos a Jerusalén y allí se nos unieron las hermanas de Jerusalén y de Belén, más dos PP. Blancos, uno gallego y el otro congoleño. El guía, p. Paco con micrófono en mano, comenzó a explicarnos la historia de los profetas y sus lugares más emblemáticos. Lo hacía en francés y yo pillaba la mitad... o menos. Entramos en Palestina, pues Hebrón pertenece a este estado. Patria de Abraham y de los demás patriarcas. Me impresiona ver unos grandes carteles rojos escritos en árabe, hebreo e inglés. Advierten los árabes a los judíos que su presencia puede acarrearles serios problemas... vamos que no entren en los territorios bajo jurisdicción Palestina. Salimos de allí y entramos de nuevo en Israel. El autobús se para, esperamos unos minutos, entra una señora habla con el p. Paco y continuamos viaje. Pasamos por Beersheva y el p. Paco sigue explicándonos la importancia de esta ciudad, sobre todo nos habla del pozo de Abrahán... y paramos en una gasolinera. Estamos unos minutos y llegan dos tanques militares sobre sendos camiones. Vemos militares con armas. Israel es un país fuertemente militarizado. Es algo que impresiona a uno que viene de España.

Pasamos por el cráter de un antiguo volcán es el desierto del Neguev y el volcán se llama Ramon, sin tilde. Es un lugar precioso. Se da un aire al cañón del Colorado… Piedras, sol y poca vegetación. Y poco a poco vamos llegando a la frontera entre Israel y Egipto. En Israel está la ciudad de Eliat, bañada por el mar Rojo. Es un lugar turístico para Israel y hace de frontera con Egipto. Ahora comienza el paso de un país a otro. Gradualmente vamos pasando, a mí me toca un israelí que habla español y que es muy agradable. Lo agradezco, ya que las fronteras son lugares por los que no me gusta pasar… me siento un poco como una mercancía… En fin, pasamos y a comer. Esperamos a que dejen pasar a todos… a los africanos y a la novicia que es de Honduras les retienen los pasaportes. La priora de Haifa, que es de Malí, está entre las elegidas. Sale a rezar con sus hermanas. La escena me conmueve. La llaman. Entran todos, yo no. Me dicen que han de volver a Israel. No las dejan pasar. Un país africano no deja pasar a africanos. Ironías de la política. Me siento impotente. Y sigo sin creer en las fronteras. Los límites hacen daño y crean enemistades. Ama y haz lo que quieras. Porque el que ama es bueno y no hace el mal. Qué culpa tendrán las pobres hermanas africanas…

Atravesamos, somos nueve menos. Ya estamos en Egipto. Taba es la primera ciudad. El cambio es asombroso. Entramos en un país mucho más pobre que el que dejamos. Se nota en todo. Nos paramos y vemos una pequeña isla que alberga una antigua fortaleza cruzada. Al frente está Jordania y más al sur, Arabia Saudita. Seguimos viaje. Todos con la pena de los que no están. Poco a poco nos olvidamos del dolor producido y tratamos de vivir lo que estas jornadas nos depararán. Pasamos muchos controles policiales. Luego me entero de que dentro del autobús va con nosotros un guardia secreto de paisano para protegernos. Nos paramos en una especie de restaurante coreano en Egipto. Hay niños beduinos y camellos. Y los niños van descalzos y nos piden comida. Yo les doy lo que me había sobrado de la comida y muchas hermanas hacen lo mismo. Observo ojos muy vivos, muy

CRÓNICAS DE UN FRAILE

bonitos, muy negros y pieles muy curtidas a pesar de su poca edad. Pienso en mi infancia hace más de cuarenta años. Yo era un niño feliz. Y seguro que ellos también lo son. Pero son pobres y eso no está bien…

Seguimos el viaje por el desierto del Sinaí. Es un paisaje muy bonito. Apenas vegetación y mucho granito. El sol colorea las piedras y el cielo es de un azul intenso. Llegamos al monasterio de Santa Catalina. Uno de los más antiguos del orbe cristiano y, sobre todo, de los más conocidos. Inicia su andadura en el siglo VI como una fortaleza construida por Justiniano. Anteriormente a su fundación, por estos parajes estuvieron diversos anacoretas, de los que su presencia se atestigua ya en el siglo IV. Cuando el cristianismo estaba como religión en estos lugares. Nos dan la habitación. Yo dormiré con Paco, no me gusta dormir con otro… pero no queda más remedio. Y la experiencia enriquece. Después subimos un poco una montaña para celebrar la misa. Debajo, el monasterio, que parece un castillo. Totalmente amurallado. El anochecer es precioso y celebramos la Eucaristía. De altar una piedra. La iglesia se transforma en piedra y cielo. Terminamos la Eucaristía en la que pedimos por los que tuvieron que regresar. Los caminos del Señor no son nuestros caminos, sus planes no son nuestros planes. Cenamos. Yo paseo con Paco por el monasterio. Hay beduinos y policías. Nos dicen que no podemos subir al Sinaí. Paco, en árabe, les dice que no es nuestra intención. Solo queremos dar una vuelta y ver un poco todo el lugar desde fuera. Impresiona. Paz y silencio. De vez en cuando se oyen ladridos. Dentro del recinto hay una tienda. Entro y veo a la hermana Maira. Le había prometido un icono para la novicia. Al final compro unos cuantos más. Yo tengo dinero, ellas no. Y sé que la contemplación de un icono, para una monja de clausura, es manjar celestial. Son simples, sencillos, y a la vez llenan de paz y profundidad. A nuestra Santa Madre las imágenes la colmaban de paz y le servían para rezar y entrar en el misterio de la humanidad de Cristo. Nos vamos a dormir. Duermo poco, pero descanso y eso es más que suficiente.

Día 28 de febrero de 2020. Este día subiremos al Monte Sinaí. Lugar donde Dios hablaba con Moisés. Cima en que Yahvé entregó el Decálogo a Moisés, y a toda la humanidad… Hace un poco de frío. Celebramos la misa cerca de las habitaciones en las que hemos dormido. No podemos hacerlo en la iglesia del monasterio. Ellos son monjes ortodoxos y nosotros somos católicos. Una pena. Los lugares de culto cristiano debieran servir para todos los cristianos, sin importar el credo religioso. Seguimos creyendo en un Dios que nos separa y no en uno que nos une. Otra pena. Vemos la montaña y el monasterio. Después de desayunar, vemos la zarza, donde Yahvé se apareció a Moisés y el pozo donde sacaba agua para saciar a su rebaño. Están dentro del monasterio de Santa Catalina del Sinaí. Entramos en la iglesia. Está llena de lámparas y de iconos. Al fondo se adivina el mosaico de la Transfiguración. El iconostasio no permite que lo veamos bien. Rezo en esta iglesia. Salimos del monasterio. Comemos. Y ahora empieza lo mejor. Hemos venido, sobre todo, para subir a la cima del Sinaí. Las hermanas mayores van en camello. Salimos sobre las 13,00 horas. Comenzamos a ascender. Detrás van unos camellos, esperando que alguno de nosotros desfallezca y suba en alguno de estos animales. A mí me miran mucho y me ofrecen camello. Estoy gordo… Les digo que soy fuerte y que subiere a pie. Poco a poco los camellos desaparecen. Nos paramos todos juntos para ver desde lo alto el monasterio de Santa Catalina. Parece una cosa insignificante en medio de las montañas. El grupo se dispersa y el guía beduino se queda el último. Yo comienzo a cansarme… pongo mi paso y voy solo. Y disfruto esa soledad. Y hago fotos. Y bebo agua. Y oro a mi manera. Y llego a la explanada de Elías. El paisaje es espectacular. Veo a dos hermanas mayores italianas que son ayudadas a subir las setecientas y pico escaleras que hay, antes de alcanzar la cumbre. Hay pequeños neveros. El cielo es muy azul y las rocas varían entre el color anaranjado y diversos marrones. Sudo y me quedo sin fuelle. Sigo mi ritmo, adelanto a las hermanas mayores que han subido en camello. Y por fin, alcanzo la cima. El panorama es espectacular. Se ve una buena parte del Sinaí. La montaña de Santa Catalina está al lado, es más alta y su color es más grisáceo y tiene bastantes pequeños neveros. Disfruto la alegría de haber coronado la cumbre. Es un momento mágico. Recuerdo la subida al Teide. Siempre cuestan las cuestas… pero merece la pena llegar a la cumbre. Poco a poco llegan todos. Reímos. Nos hacemos las fotos de rigor. Y rezamos. Escuchamos, en francés, dos capítulos del libro del Éxodo. Resuena en mi interior: «Honrarás a tu padre y a tu madre». No hay teofanía, pero si alegría. Dios no se me aparece, no me habla, pero me siento alegre y en paz, que eso es mucho para mí. Soy y estoy feliz. Algunas se quieren quedar a ver anochecer. Yo prefiero bajar lentamente, los peldaños con una hermana, Soraya, ecuatoriana, una monja sencilla y buena. Voy delante de ella, y digo que no se preocupe que si resbala… yo paro el golpe. Nos reímos y bajamos a la explanada de Elías. Poco a poco me quedo solo. Bajo despacio. Saboreo el paisaje. Los colores. El panorama. El cielo de un azul intenso. Precioso. Oro en el silencio y en la inmensidad de un puesto que me sobrepasa. Doy un bocado a la felicidad. Y al final, antes de llegar al monasterio, veo un perro. Primero mueve la cola amistosamente. Luego se agacha, se pone en plan de ataque… Y me ladra y va hacia mí. Agarro mi bastón y voy contra él. Huye a toda velocidad. Metáfora de los peligros, de las tentaciones, de la vida… siempre hay que encararla, no huir. Veo el reloj. La subida la hice en dos horas, doce minutos y algún que otro segundo. No está mal, eran siete kilómetros en algo más de cien kilos de cuerpo…

Poco a poco van llegando todos. Hasta las hermanas ancianas que llegan ayudadas por los beduinos. Chavales jóvenes que se ganan su sueldo acompañando y guiando a los peregrinos. Es su tierra y es su trabajo. Son muy respetuosos con las monjas. Ellos creen en Alá y respetan a las personas consagradas. Cenamos, es viernes de cuaresma, nos ponen pollo y lo comemos. «Cuando sardina, sardina». Dicho de Santa Teresa de Jesús. Yo me tomo una cerveza egipciana, se llama Stella y está bastante buena. Los faraones ya bebían cerveza… y yo me uno a ellos. Nos vamos a la cama. Estoy cansado y duermo a ratos.

Nos levantamos. Tenemos la misa en el mismo lugar de ayer. La celebra en francés el P. Odilo y yo tengo que hacer la homilía. Este año hago 25 años de sacerdote. Las hermanas latinas querían una misa en español… pero creí que era mejor todos juntos. Y eso que a mí el francés, desde mi más tierna infancia no me gusta ni un poco. Y predico. Y hablo de cuatro palabras: niño, montaña, fraternidad y gracias. Niño: Jesús nos dice que si no nos hacemos como niños no entraremos en el Reino de los Cielos. «En la infancia vivimos, luego sobrevivimos». Dixit uno de los hermanos Panero. Frase que se ha quedado para siempre en mi interior. Y me digo que tenemos que ser como niños: inocentes, buenos, confiados, rápidos en perdonar…solo así entraremos en el Reino de los Cielos. La montaña me evoca la vida. Su ascensión hasta Dios, es una buena metáfora. Caemos, reímos, lloramos, avanzamos y queremos llegar a la cima a ver a Dios como Moisés, para estar con Él para siempre, siempre, siempre… Fraternidad. Han sido unos días de fraternidad entre las monjas y dos frailes. Un mismo carisma, una misma vocación. Les digo que no soy muy monjero… pero que estos casi tres días, me han ayudado a saber que Santa Teresa nos fundó para que estuviéramos cerca de ellas. Y gracias a Dios, a mis padres, a mis hermanos, y perdón por mis infidelidades. Pero que agradezco el ser sacerdote carmelita, a pesar de los pesares. Creo que Dios me llamó para esto y le doy las gracias. Es de bien nacido, ser agradecido.

Desayunamos. Preparamos todo. Metemos las maletas o mochilas en el autobús. Y vamos por última vez al monasterio. Esta vez vemos la preciosa biblioteca. Libros e iconos. Parte de mi vida como archivero se plasma en estos libros. Páginas del códice sinaítico, obras de los santos padres en griego, manuscritos, incunables… Disfruto. Hablo un poco con un monje ortodoxo. Tiene cara de buena persona. Me regala una foto de un mosaico hecho por él. Nos damos la mano. Sabe que yo soy fraile. La foto del mosaico se la regalo a la hermana Giovanna. Autobús y destino Taba. Pasar otra vez la frontera. Quita el cinto, el reloj… y todos los telares que hay que hacer. Una mujer pregunta si voy con las monjas, llevan el hábito, digo que sí. Le explican que soy sacerdote. Dice que por ellas sí y yo no… Me río, se ríe y me dejan pasar. Me ponen el sello y me dejan estar tres meses más en Israel. Esperamos a que le den el pasaporte a la monja coreana. Comemos en un kibutz. Seguimos camino, pasamos cerca de Masada, está anocheciendo y no se ve nada. Bordeamos el mar Rojo, ya de noche. Llegamos a Jerusalén, cuando apenas la vislumbramos las monjas latinas cantan: *El qué alegría cuando me dijeron vamos a la casa del Señor, ya están pisando nuestros pies, tus umbrales, Jerusalén*. Dejamos a las monjas que viven en Jerusalén y en Belén y seguimos camino hasta Haifa. Fin del viaje. Días muy hermosos y especiales. Gracias sean dadas a Dios por todo lo visto y oído.

Querida Antoñita

Querida Antoñita: Me hubiera gustado estar en tu funeral y haberlo presidido, pero no ha sido posible. Aun así, quiero hacerme presente en él con estas palabras. No soy un cura de los que escriben sus homilías… pues pienso que pierden vida y autenticidad… Pero contigo lo haré, así que siéntete afortunada.

Tu muerte, esperando a que mi buen amigo y hermano Roberto te llevara la comunión, es una bella metáfora de tu vida. Siempre, desde que eras niña hasta tu ancianidad, has estado cercana a Jesucristo. Solo Dios y tú sabéis todo lo que le has rezado y orado. Siempre recordaré con emoción que cuando estabas en la Adoración delante de la Custodia y sonaban las campanas, te acordabas de tus cuatro hijos: Rafael, Miguel, Ivana e Isabel, además de todos tus nietos y siempre añadías que también del P. Óscar. Yo con mi forma de ser te miraba sonriendo… pero interiormente agradecía y mucho, que rezaras por mí. Y esa ha sido la base de tu vida: Dios. Al que rezabas sin parar y que hoy no ha querido que le recibieras consagrado, sino que te ha llamado para que vivas con Él, feliz para siempre. Era ya la hora de que lo vieras cara a cara. ¡Qué bonita lección has dado a tus hijos y nietos! Tu fe en Dios era lo más importante y así se lo inculcaste a ellos.

Fuiste una mujer adelantada a tu tiempo. Hiciste tus pinitos en la política (me lo contaste con todo lujo de detalles). Fuiste una buena maestra, a la que muchos de sus alumnos la llamaban «La Dire». Sé de buena tinta que te preocupabas por su educación integral. Y que te desvivías por ellos. La enseñanza fue tu pasión, además de tus hijos y nietos. Para ti, tu cole, creo que era algo de Muñiz, era una gran familia y lo diste todo por él y por tus alumnos. Recuerdo cuando yo era un joven sacerdote que me contabas emocionada todos aquellos años de docencia. Te acordabas de los nombres de casi todos y se te henchía el pecho hablando de ellos y de que muchos de ellos llegaron a ser muy buenos profesionales. ¡Que Dios te bendiga por ello! Cuando te conocí allá por el año 1999 te dedicabas a dar clase a los ancianos en la Residencia Santa Teresa. Y disfrutabas de ello y te sentías querida. Y sobre todo tratabas de seguir siendo una buena maestra, no para niños sino para ancianos.

Aunque tu gran amor fue tu familia, tus hijos y nietos. Siempre me hablabas de ellos, de sus logros, también de sus fallos... Pero los querías con locura. Y esta es una muy buena enseñanza para los que ahora están en tu funeral. El amor a la familia, la preocupación por los más débiles, el hacer que siempre fuera una piña y tú, como la gran matriarca que has sido, les reunieras siempre a tu lado: en Oviedo, en Madrid, en Extremadura, en La Manga del Mar Menor... Siempre preocupados por ellos, y lo que es más importante rezando, por ellos y dando Gracias al Cielo por tus hijos.

Tu nombre, Antonia Severa, que yo te recordaba de vez en cuando, mostraba muy bien tu personalidad. Antoñita por lo fantástica que eras con los tuyos, con tus alumnos, con tu alegría y humor, por tu interés de siempre aprender... Y Severa, por tu fuerte disciplina, para ti y los que tenías a tu cargo.

Muchas veces me decías que en tu educación religiosa habías sentido la severidad en muchos de los comportamientos que te enseñaban. Yo me reía y te decía, que, Gracias a Dios, éramos de épocas distintas. Creo que la disciplina, el acostumbrarse como tú lo hiciste a unos hábitos religiosos (Adoración Nocturna,

Rezo del Rosario, Misa diaria…) te ayudaban a ser una buena cristiana o, al menos, a intentarlo. Pero también ayuda y mucho la misericordia. El tener compasión por los más débiles y necesitados. Dios el Padre Bueno y Misericordioso, te acoge en su seno.

Pero no quiero que mis palabras sean una hagiografía, la vida de una santa. Eras, como yo, una persona con sus virtudes y defectos. Y también con tus pecados. Y por eso estamos aquí para pedir al Buen Dios que perdone tus faltas y te lleve a la Vida Eterna.

Y, sobre todo, agradecer el don de tu vida. Recuerdo cuando me invitabas a que viéramos juntos algún Madrid- Barcelona. A mí el fútbol, con los años, me ha dado un poco igual. A ti no, y eras del Madrid hasta los tuétanos. Tenías dos religiones: la católica y la madridista. Aunque yo estoy convencido de que lo de ser católica llenaba todo tu ser. Lo de ser del Madrid solo era una pequeña afición y desahogo.

Y vosotros: hijos y nietos, deciros que agradezcáis a Dios estos 87 años de vida de vuestra abuela y madre. Ella ya estará en el cielo, donde todos son del Real Madrid, según Antoñita, intercediendo por todos los que aquí quedáis. Recordarla siempre con el mismo amor que ella os tenía. Y mi último deseo es que nunca perdías la fe en Jesucristo. Él es nuestra única salvación.

Un beso, Antoñita, háblale bien a Dios de mí… Y sigue rezando para que sea un buen sacerdote carmelita, que algunas veces no lo soy…

Un abrazo y hasta que nos volvamos ver en el Paraíso.

Ciudadano Sánchez Pérez – Castejón

Estimado ciudadano D. Pedro Sánchez Castejón. Me siento con la obligación moral de escribirle una carta como ciudadano al presidente del Gobierno, de mi nación: España. Soy dos años más viejo que usted y tengo una preparación académica igual o superior a la suya. Usted nació en 1972, yo en 1970. Ambos vinimos al mundo en el período denominado tardofranquismo, donde el régimen del general Franco se estaba derrumbando. Mis primeros recuerdos infantiles son la muerte de Franco y los tres días que no tuvimos que ir a clase. Recuerdo el último discurso de Franco que mi tío, falangista de toda la vida, me ponía en un casete mientras íbamos de viaje de Barcelona a Burgos, y viceversa. Luego vino la transición donde todos los partidos políticos pusieron su granito de arena para llevarnos de una dictadura a una democracia. Fueron tiempos complicados pero al final fueron felices, y todo salió bien. Yo me iba haciendo mayor y sabía quién era el rey Juan Carlos, Adolfo Suárez, Calvo-Sotelo, Felipe González y Alfonso Guerra…

También tenía a mis tíos que vivían en Vitoria, él Guardia Civil y ella maestra. Mi tío tuvo que emigrar del País Vasco, pues estaba amenazado por ETA. Mi querida tía Angelines me contaba que estando de maestra en un pueblo cerca de Vitoria, un día su novio, el hermano de mi madre, fue con un Jeep de la Guardia Civil a buscarla. El comentario al ver entrar el coche policial en el patio fue el de: quién será ese hijo puta que viene aquí. Mi tía, que siempre tuvo muchos ovarios, contestó a aquel claustro de profesores: ese hijo de puta es mi novio. Todos enrojecieron y callaron.

Recuerdo con honda emoción muchos de los asesinatos perpetrados por esa innoble banda terrorista, apoyada muchas veces, demasiadas, por la cúpula de la Iglesia vasca... Me han contado que, en el *Teresianum* de Roma, algunos de los frailes carmelitas vascos brindaban con cava cada vez que se mataba a un Guardia Civil. Recuerdo muchos asesinatos de esos desalmados, que dentro de poco van a gobernar en la tierra de los Euskos y gracias a los que usted, ciudadano Sánchez, gobierna. No se me olvida el de un niño de Guipúzcoa que pegó una patada a un paquete, que resultó una bomba puesta por esos seres innombrables, y que perdió la pierna y casi la vida. Ese niño, el ciudadano Alberto Muñagorri, era de nuestra edad, ciudadano Sánchez Castejón. Y luego vino lo del concejal que fue abatido en un bar en San Sebastián, el ciudadano Gregorio Ordóñez. Recuerdo al ciudadano Gurruchaga, el cantante de la Orquesta Mondragón, indignado en un programa de televisión, decía que como vasco, –además, dijo sus ocho apellidos euskaldunes, como la posterior y laureada película–, que eso era algo brutal y despiadado. Fue en 1995, el año que fui ordenado sacerdote. En 1997, ya en Santa Cruz de Tenerife, fue el secuestro y asesinato del ciudadano Miguel Ángel Blanco. Era en julio, durante la Novena del Carmen. Y ese día, coincidió así, prediqué sobre María Reina de la Paz. Creo en la paz como arma de destrucción masiva de tanta guerra, odio y terror. Pero también creo que el que ha cometido un delito tiene que pagar por ello y tratar de volver a la sociedad con la lección bien aprendida. Un hermano de hábito, con mucha familia en el País Vasco, me comentaba que los asesinos de ETA y sus seguidores acabarían gobernando en la tierra de los Euskos. Yo me reía y le decía que eso era imposible. Me argüía que él no lo veía, pero que yo sí... no se ha equivocado ni un milímetro en su profecía.

Le cuento todo esto, ciudadano Sánchez, porque usted no ha tenido ningún problema, ni tiene, ni tendrá, para beneficiarse del poder y si puede ser, perpetuarlo. Es capaz de pactar con los hijos de los terroristas etarras, que quieren dejar de pertenecer a España y formar una tierra prometida llena de Euskos y que no pertenezca a la odiada, por ellos, España, mi patria y la suya, ciudadano Sánchez. Con Cataluña ocurre lo mismo, aunque los catalanes no han utilizado nunca la violencia… Pero sí que quieren desmembrarse de España, como en el siglo XVII…

Ciudadano Sánchez, usted no ganó las últimas elecciones generales. Las ganó otro partido, pero usted fue capaz de pactar con todos los que nunca haría [así dijo muchas veces, tampoco iba a pactar con Podemos…] tratos políticos, para poder mantenerse en el poder. Incumplió su palabra. El peor insulto, en mi tierra castellana, es decir que alguien no tiene palabra, y usted, ciudadano Sánchez, no la tiene. Al contrario, hace realidad el refrán o dicho de: *dónde dije digo, digo Diego*.

Recuerdo cómo en un debate televisado, insultó sin ningún miramiento al Presidente y ciudadano Rajoy. Es su estilo. Barriobajero y chulesco. O de niño mimado. No llego a captarle del todo, ciudadano Sánchez.

Al final, ya que somos coetáneos, le digo que su mayor problema es que se cree sus propias mentiras y que tiene un grupo de esbirros que le corean y le aplauden. Como aplaudían al ciudadano Franco en su último discurso. [La historia es cíclica, como decían los griegos]. Se parece mucho, demasiado a él. Ciudadano Sánchez, es un mediocre con buena planta que hasta copió su tesis doctoral… Y no se ruboriza por ello: al contrario, es, ciudadano Sánchez, el más espabilado [listo] de la clase.

Y ahora la traca final. Nos dice, que va reflexionar porque se están metiendo mucho con su esposa, la ciudadana Gómez Fernández. Que está profundamente enamorado de ella y que la justicia y los medios de información no pueden husmear en los negocios que dicha ciudadana ha realizado. Faltaría más. Se le olvida, ciudadano Sánchez, que usted por activa, pasiva y perifrástica ha tratado de denostar a la ciudadana Ayuso. No lo ha conseguido, pero lo intenta una y otra vez. Calumnia, que algo queda. Es lo que se llama la doble vara de medir, o la ley del embudo, ancho para mí, estrecho para los demás. Las huestes del PSOE comienzan a jalear su nombre. Nos dicen que es usted el gran cruzado del progresismo, del feminismo: en definitiva, del istmo de su socialismo personal... Y al final, nos afirma que sigue de presidente, tras cinco días de ejercicios espirituales. Eso sí, antes le comunicó su decisión de seguir al ciudadano Borbón y Grecia. Aunque unos días antes le recibió con las manos en los bolsillos, cuando iban a entregar el premio Cervantes, ¡qué fina ironía!, como aquellos chulos de barrio que jugaban al billar en las salas recreativas de nuestra época...

Ciudadano Sánchez Castejón lo suyo es esperpento puro y duro. Pregúnteselo al ciudadano Valle-Inclán. Déjese de mirar en los espejos cóncavos del palacio de la Moncloa y mire el panorama social, económico, cultural, ideológico de la España en la que vivimos. Luche de verdad por el bien común de todos los españoles y si de verdad, no sé ve capacitado, renuncie. Todos los ciudadanos de bien se lo agradeceríamos.

Termino, uno de los más grandes filósofos españoles, el ciudadano Unamuno, hablaba de la intrahistoria. Venía a decir que, en la época del Cid, ciudadano Díaz de Vivar, él manifestaba toda una época. Centuria de guerreros, de mercenarios en que el Cid sobresalió, pero que era la punta de lanza de toda una sociedad belicosa. Usted, ciudadano Sánchez Castejón, es la punta de lanza de toda una sociedad mentirosa, corrupta, sin valores de ningún tipo. Una sociedad desnortada y sin principios. Y esto es lo más indigno de su cargo como primer ministro de nuestra patria, ciudadano Sánchez Castejón, que usted no puede, ni debe, por el bien de los españoles, gobernar España.

Querida Marta

«Los planes del Señor[8] no son nuestros planes, sus caminos no son nuestros caminos». «El Señor me la dio, el Señor, me la quito, bendito sea el nombre del Señor». Hay hechos que solo podemos aceptar y entender desde la fe, y éste es uno de ellos. Te has ido con Dios el 14 de septiembre de 2023, día en que yo profesé como Carmelita Descalzo y día que tu hermana María se casó con Ángel. Igual es pura coincidencia, que seguro lo sea, pero a mí me da que querías unirte un poco más a tus hermanos para que nunca te olvidemos y sepamos que nuestras vidas están unidas desde nuestra infancia. «Nunca muere lo que no se olvida» dice Fito en una de sus canciones, y nosotros, todos lo que aquí estamos, nunca te olvidaremos. Siempre vivirás en nuestro recuerdo y oración.

Querida hermana, te he acompañado a lo largo de toda tu vida de fe. He celebrado los siete sacramentos de la Iglesia contigo. Dios y su madre la Iglesia nos ha acompañado en este peregrinar. Estuve en tu bautizo, y bauticé a tus hijos. Estuve en tu primera comunión con nuestra hermana María. Fui tu padrino de Confirmación, ya siendo yo fraile. Este último cumpleaños mío contigo te di la absolución general y celebré el sacramento de la Reconciliación. Estuviste en mi ordenación sacerdotal y en mi primera Misa en Villahoz. Fui testigo de tu matrimonio. Y por fin,

---

[8] Esta es la homilía del funeral de mi querida hermana Marta. Pasó con Dios a la vida eterna el 14 de septiembre de 2023. No hay día que no me acuerde de ella. Este libro lo he realizado por ella. Sé que desde el Paraíso me acompaña y me anima.

y de las cosas más complicadas que he realizado en mi vida, te ungí con el óleo de los enfermos. Hemos compartido nuestra fe en Cristo a través de todos los sacramentos de la Iglesia. Esta fe es la que nos ha dado fuerza para sobrellevar tu dolorosa enfermedad y tu larga agonía. Dios te acoge en su seno. Descansa en Dios para siempre, mi muy querida hermana Marta.

Hoy es el día de la Cruz, día en que celebramos el paso de tu vida al Padre Dios. Nos recuerda que también Cristo padeció, más que nosotros, cumplió la voluntad del Padre y resucitó. Tú también, querida Marta, has pasado por este proceso y Dios te acoge como al buen ladrón. «Hoy estarás conmigo en el Paraíso». Solo desde la fe aceptamos tu pérdida.

La Cruz, su palo vertical y el horizontal nos recuerdan y resumen el mensaje cristiano: Amar a Dios y al prójimo como a uno mismo. El Amor de Dios nos llena el corazón de Paz y nos da fuerza para aceptar que físicamente no estarás más con nosotros. Y el palo horizontal nos recuerda que tenemos que amarnos y hacernos el bien unos a otros, aunque sea complicado y difícil. Pienso en tus hijos y en tu marido. Ahora comienzan tiempos muy duros, que con la ayuda de Dios y nuestra cercanía y aliento seguro que entre todos aliviaremos su dolor.

Damos gracias a Dios por el regalo de tu vida. Tenías dos pasiones: enseñar y cantar. Tu vida nos enseña muchas cosas y estoy seguro que es una melodía que acariciara los oídos de Dios. Desde que hiciste Magisterio y antes, siempre que podías me acribillabas a preguntas (esta fue una característica de tu personalidad) y yo, si sabía, te respondía. Igual pasaba dando clases de Religión, cuando te surgía una duda me llamabas y yo trataba de darte respuestas. Cuando, ya mortalmente enferma, te dijeron que no podías seguir dando clase, te viniste un poco o un mucho abajo. Enseñar religión a los niños estaba en tu ADN.

Y de la música, qué te voy a contar. Cuando iba a recogerte a ti y a tu hermana al Colegio, no hacías más que cantarme las canciones que la Seño te enseñaba. Es a día de hoy que me sé las canciones que las niñas cantaban en el cole. Y ahí nació tu vocación de estudiar Magisterio por la rama de música, amén de tus años en el conservatorio. Eras la música de la familia...

No quiero que nuestros recuerdos hagan que esta medio homilía se convierta en algo melodramático. Solo quiero agradecer a Dios el don de tu vida compartida con nosotros, y pedir a Dios que te acoja en su seno de Madre. Tú siempre quisiste ser madre, y lo fuiste, aunque por poco tiempo en la tierra. Sigue cuidando a Miguel y Julia desde el cielo. Y pedimos a Dios que perdone todas tus faltas y pecados. Pues todos somos pecadores y Dios es el único Santo entre los Santos.

Adiós Marta, vete con Él, descansa en Paz para siempre. Nos vemos en el Paraíso.

El boletín de Méndez Pozo y asociados

La tristeza del Doctor D. Rafael Sánchez Domingo me lleva a juntar estas deshilvanadas y muy apasionadas palabras. Soy de Burgos y siempre, al menos hasta el día de hoy, me he sentido orgulloso, muy orgulloso de serlo. Aquí nació el Cid Campeador, que hizo jurar al rey Alfonso VI en la iglesia de santa Gadea que no había tenido parte en la muerte de su hermano Sancho. «Polvo sudor y lágrimas, el Cid cabalga por la dura estepa castellana…» versos de Antonio Machado que aprendí en mi infancia. Aquí, los comuneros se levantaron contra Carlos I de España y V de Alemania exigiendo ser gobernados por castellanos y según las leyes de Castilla.

Antonio Méndez Pozo es el editor del Diario de Burgos y de bastantes más periódicos. Es un constructor que se ha ido alineando con la clase, que no suele tenerla, política, tanto de derechas como de izquierdas, según le ha convenido. Ha estado en galeras por prevaricar y ganar dinero de forma fraudulenta. Su abultado currículum de condenas y demás, se puede consultar[9]. No tiene desperdicio todo lo que ha hecho este señor de Jaca (Huesca) en esta ciudad de Burgos.

Actualmente en toda España estamos viviendo una situación política y social incalificable. Amnistías, corrupciones de toda índole y calado… Todo un presidente de gobierno que amenaza

---

[9] https://es.wikipedia.org/wiki/Antonio_Miguel_M%C3%A9ndez_Pozo

con dimitir, el día que se entera que los jueces están investigando a su amada esposa. Periódicos que aplauden haga lo que haga el presidente y que denigran a sus adversarios. Información sustentada y sostenida por los grupos fácticos del poder económico y político. Tanto de una parte como de la otra.

España es analfabeta. Es verdad que todos o casi todos los españolitos saben leer y escribir, no como en tiempos pasados. El problema es que la gente no sabe discernir lo que es verdad o es mentira. Lo dice tal canal de televisión o tal periódico y es verdad, y punto pelota. Y discusión al canto.

La manipulación que los medios de comunicación alentados por los medios políticos y económicos realizan sobre las personas es tremenda e indica la perversión moral en la que vivimos.

Dicho todo esto, el pesar del Doctor Sánchez Domingo me emociona. Ayer salía en la prensa una noticia en el Boletín Oficial de Méndez Pozo y asociados (el antiguo: *Diario de Burgos*) que llevaba por título: «**La Diputación editará un libro de un condenado por plagio**». Primera mentira: el Doctor Sánchez Domingo nunca fue condenado por plagio, sino por infracción de derechos de reproducción de poco más de tres páginas. Me gustaría a mí que P.C.P., periodista cabal, que siempre que sacan a Méndez Pozo en el Boletín Oficial, no pongan algunos de sus muchos títulos, Director de la Cámara de Comercio… Sino que pusieran el expresidiario Méndez Pozo aparece con la alcaldesa de Burgos en la entrega del Báculo de Oro de San Lesmes… Esto es lo que han hecho con el doctor Sánchez Domingo. Juzguen ustedes. Por si fuera poco, en el subtítulo recalcan que Sánchez Domingo ha vuelto a su trabajo: la docencia. Cada noticia que sale de Méndez Pozo no indica que ha vuelto a sus labores cotidianas, después de pasar un tiempo en la trena. La entrada de la noticia vuelve a recalcar la mentira de que fue condenado por plagio (cosa que no es verdad) y que la Universidad de Burgos le suspendió doce meses de empleo y sueldo. ¿En las noticias en las que sale Méndez Pozo en su Boletín recuerdan su condena? No. Saben hasta la nota con que le han calificado y que entre los calificadores hay un miembro reputado: «uno de los profesionales directamente afectados por los plagios de Sánchez Domingo». Ya no es un plagio (y nunca fue condenado por plagio), son varios... manda huevos que diría el ministro. Y termina el artículo mostrando todas las obras aprobadas y que serán publicadas, autor y título de la obra, por la Diputación de Burgos y las cinco que no, sólo apareciendo el autor y no la obra.

Y digo yo, que algo he estudiado. No sería más ético titular: **«La Diputación de Burgos publicará diez obras sobre temas burgaleses»**. E introducir el proceso de selección y las obras aceptadas y las rechazadas. Y para rizar el rizo, la foto no es de la Diputación, de algún miembro de ella o de algún libro por ella editado. No. La foto es de archivo, de hace unos cuantos años de... sí, así es, del Doctor Sánchez Domingo.

No tengo que argumentar más. Esta noticia es prototípica de lo que hace la prensa, local, nacional e internacional: manipular. Decir lo que le interesa, aunque sea mentira o una media verdad, que es peor que una mentira. Y sé por experiencia de lo que hablo. En su día tuve que remover Roma con Santiago para que dejaran de maltratar periodísticamente al Doctor Sánchez Domingo. Esto me valió ser vetado por el Boletín Oficial de Méndez Pozo y asociados. Un par de años después me puse en contacto con varios periodistas de esta institución para dar a conocer la figura de un fraile burgalés, constructor de iglesias en América Latina, siguiendo el modelo de la catedral de Burgos. Nunca se pusieron en contacto conmigo. El año pasado escribí un libro: *Lerma una villa carmelitana*. Los junta letras, pasaron de mí. Es el precio a pagar cuando uno trata de ser libre.

Ojalá que la prensa vuelva a ser libre y a no estar maniatada por el poder. Escribí, hace pocos años, un artículo: «Eduardo Gil de Muro: larga conversación con Delibes», en *Berceo* nº 182, 2022, págs. 161-200. Un periodista, carmelita descalzo Eduardo T. Gil de Muro, hace una entrevista a D. Miguel Delibes que luego fue censurada... Ninguno de los dos tenía miedo a la verdad... Igual que en estos tiempos.

Espero que estas palabras sirvan para que los periodistas obligados por el poder, recobren la libertad para ofrecer las noticias libres y en toda su verdad, a una sociedad que tan necesitada está de verdad y libertad.

Su majestad, el Rey

El título viene de *maiestas* y significa grande. Y para nosotros grande es alguien que ha hecho algo majestuoso, valga la redundancia. Y esto lo ha hecho hoy nuestro Rey, Felipe VI. El día es 3 de noviembre de 2024. Viene siendo el Rey, desde hace unos años, desde la famosa abdicación de su padre, Juan Carlos I, que también fue grande. Dicho monarca, nos llevó de una dictadura a una democracia y paró un golpe de estado. Luego los poderes fácticos han conseguido llevarlo a otro nivel… Es el precio a pagar por ser un buen gobernante. Por desgracia se nos olvida, con harta frecuencia, el bien hecho por el Rey Juan Carlos I.

Desde pequeño me dijeron que la jefatura de un estado debiera estar abierta a cualquier ciudadano. No era mala idea. Luego, con los años, me he dado cuenta que la jefatura debe ser para alguien que se haya preparado para acometer dicho servicio. No soy ni republicano ni monárquico. Creo en las personas. Y sobre todo, en las personas que saben acometer con dignidad los hechos que la vida les presenta. Pienso que nuestro Rey fue educado para serlo. Y además está capacitado para desempeñar esta labor. Trabajo difícil y lleno de trampas, más en nuestra sociedad española: esperpéntica y cainita.

Felipe de Borbón y Grecia es dos años mayor que yo. Ha crecido al ritmo que lo he hecho yo… Bueno, no. Él es un mozo de casi dos metros y yo no llego al 1,70. Le han capacitado para ser Rey. ¡Y pardiez! lo han preparado muy bien.

Hoy ha tenido que ir a Valencia y alrededores, después de las inundaciones sufridas en algunas localidades aledañas a Valencia. Y ha ido con el presidente del gobierno. No sé de quién nació tan brillante idea. Fueron juntos y… El indigno presidente de nuestra nación, se fue con un ¡sálvense las partes! Nuestro rey se quedó con su mujer, la reina Letizia. Ya no llovía, la Dana había, gracias a Dios, pasado. Pero a Sus Majestades les llovió barro y algunas otras cosas. Y ellos impasibles. Aguantaron, nunca mejor dicho, el chaparrón. La gente de Valencia y alrededores y algunos más, gritaban asesinos, y demás lindezas. Y ahí estaba ese pedazo de Rey. Aguantando. *Todo pasa*, que decía santa Teresa de Jesús. Y pasó. Y el Rey comenzó a dialogar. Transmitió su pesar, su dolor por todo lo que había sucedido. Y la gentes, jóvenes y mayores, le daban la mano, le abrazaban… Agradecían su gesto de cercanía y de apoyo.

Mientras tanto, otros ciudadanos de Valencia, increpaban y hostigaban el vehículo del presidente del gobierno, acurrucado y protegido en él. Rompieron sus cristales y abollaron su carrocería. Y si hubieran podido… le habrían zarandeado… Y…

Dos formas, asimétricas de comportarse con el pueblo. Valiente y cercana la del Rey de España. Miserable y cobarde la de su primer ministro.

El Rey es el Jefe de las Fuerzas Armadas Españolas. Tiene sus dos sables con sus cuatro estrellas de cuatro puntas en su divisa o galones. Esto lo aprendí siendo Páter de Infantería de Marina. Mi buen amigo el teniente coronel Yáñez, me lo recordó más de una vez, cosa que le agradezco. El Rey es el jefe de todos los ejércitos. Nunca ha tirado de galones… y alguna vez, yo creo que lo hubiéramos agradecido todos los españolitos de a pie. Pero ha hecho bien, ha respetado el juego democrático y se lo reconocemos todos los que formamos esta nación, llamada España.

Hoy, para ir terminando y que cada uno saque sus propias conclusiones, hemos visto a todo un Rey enfangado con sus súbditos. Y también hemos visto, bueno, casi ni lo hemos visto, a un ciudadano cobarde y mezquino.

No diré el consabido ¡Viva España!, sino que vivan los españoles y el Rey, Felipe VI, como cabeza y jefe de todos ellos.

Bolivia, por segunda vez

Del 12 al 26 de noviembre he vuelto a una de mis segundas patrias: Bolivia. Han sido quince días llenos de aventuras de todo tipo. El 11 de noviembre salí de Burgos, junto a mi buen amigo y hermano, Monseñor Braulio Sáez García, ocd, obispo otrora titular de Oruro y posteriormente auxiliar de Santa Cruz de la Sierra, y en la actualidad obispo auxiliar emérito de dicha ciudad *camba*. Del viaje en avión mejor no comentar nada, o mejor sí.

Salimos es un Boeing 787-8 de la compañía aérea Air Europa. En la página web https://www.aireuropa.com/ot/es/aea/aexperience/flota (consultada el 28/11/2024) nos cuenta que tiene una capacidad de 296 pasajeros. Llevo más de media hora comparando este tipo de avión usado por diversas compañías aéreas y el problema es que Air Europa bate el récord de apelotonamiento de personas. El ganado tiene más espacio en su transporte, que los pasajeros que se embarcan en un Boeing 787-8 de la «rescatada» por el Gobierno de España, Air Europa. Solo si uno tiene la paciencia de comparar este avión usado por otras compañías aéreas, se da cuenta de la muchedumbre de gente que transporta Air Europa en sus viajes transoceánicos. Yo tuve la dicha de volar once horas desde Madrid hasta Santa Cruz de la Sierra, no la de Extremadura, sino la Boliviana. Cuando salí del vuelo de marras, tenía las rodillas y los tobillos entumecidos. Me sentí como una sardina en lata, o al menos así me imagino que ellas se sentirían, si pudieran sentir…

A la vuelta, por el precio módico de 95,40 dólares, pude ir en un asiento de los que llaman XL. El problema fue que no podía estirar los pies del todo, pues una pared de plástico me lo impedía, y eso que no llego al 1,70 de estatura. Luego he visto que otras compañías aéreas tienen más espacio en ese mismo asiento... British tiene 214 pasajeros en total. Según las características, su capacidad está entre 210 y 250 pasajeros, Air Europa mete cerca de cien ocupantes más. Entiendo que para un vuelo nacional, sí; pero para uno transoceánico me parece denigrante, que se transporte a tantas personas en la cabina económica. Más de trescientas personas y en la clase preferente, alrededor de treinta almas. No pude asomarme y hacer un cálculo. En la que yo volaba íbamos más de trescientas personas. También me fije en la nacionalidad de las personas y eran bolivianos. El tanto por ciento de extranjeros era más que exiguo. Creo que en el viaje de ida éramos dos españoles, el obispo y un servidor. Y en el de vuelta, yo solo. Digo esto de la nacionalidad pues me parece importante. El pueblo boliviano está acostumbrado, por desgracia, a asumir con resignación los atropellos de su clase dirigente, la de tiempos de la conquista, la de la época de la liberación y la actual. Me da pena escribirlo, pero es así. Aguanta con harta paciencia las tropelías de los dirigentes. Hay más de 159.000 bolivianos trabajando en España. Los migrantes, siempre que pueden, vuelven a su patria. Y aquí entra la política económica desalmada de Air Europa. Las empresas, todas, quieren obtener los mayores beneficios económicos posibles. Don Francisco de Quevedo y Villegas, decía que poderoso caballero es Don, din, Don Dinero. Así es. Lo importante, perdón, es el puto dinero. La ética y la moral no son tan importantes y así nos va. Air Europa llena sus tres o cuatro vuelos semanales, dependiendo de la época. Cuantos más pasajeros vayan, más ganancia; y cuántos más asientos haya, pues más platita. Esa es su política de empresa. Y los abnegados bolivianitos a resignarse y volar con Air Europa. Pues la competencia, BOA, es un poco más costosa y a veces suspende vuelos por no tener aviones disponibles, o por no poderlos alquilar. Aquí gana Air Europa.

Y digo yo. No sería más humano que los pasajeros fueran más cómodos. Que se quitaran unos cuantos asientos y se creara más espacio, entre fila y fila. A mí me da que tal y como están dispuestos para vuelos transoceánicos no cumplen con las prerrogativas internacionales, si es que las hay, para proteger a los pasajeros de problemas de salud derivados de ir en estas condiciones infrahumanas Debiera haber unas normas que tendrían que ser cumplidas, al pie de la letra, como los kilos de las maletas, por las compañías aéreas. Está en juego nuestra salud.

Aterrizamos en el aeropuerto llamado con el bonito nombre de: *Viru-Viri* de Santa Cruz de la Sierra, ciudad homónima de la extremeña, patria de Ñuflo de Chaves, que es el fundador de la Santa Cruz boliviana. Paso los controles sin problema… eso sí, más de una hora esperando la maleta. Braulio está nervioso esperándome y ansioso por salir del aeropuerto. Salimos y oímos un repetido: Monseñor, Monseñor… Ahí está un grupito de personas esperando al bueno de Braulio. Montamos en la movilidad, así llaman los bolivianos al coche… y rumbo a nuestra casa. Durante el viaje nos cuentan los avatares políticos de Bolivia. Hay colas, filas dicen los bolivianos, kilométricas de camiones ante los surtidores de diésel. Apenas hay, y para llenar los depósitos pasan varios días en esas filas hasta que pueden repostar. Ha habido bloqueos y cortes de carreteras. Gobierna el país andino el grupo político: MAS, Movimiento al Socialismo, que nació en mi primera estancia en Bolivia, liderado por Don Evo Morales, que ya no es presidente… Pero sigue siendo presidente un tal Arce, que es del mismo partido y con el que está en guerra. Evo era el jefe de los cocaleros de mi primera estadía en Bolivia. ¡Pobre Bolivia!, siempre mal gobernada y ahora peor que, en tiempos de la denostada por muchos, época colonial. No pueden arar los campos, ni sembrar... No pueden transportar el ganado ni los productos básicos, que empiezan a escasear. Todo un desastre político que sufre el noble pueblo boliviano del que se lucran las clases dirigentes, tanto políticas y económicas, tanto de Bolivia como de otros países. Creo que Bolivia acabará mal...

Llegamos a nuestro convento, casa de espiritualidad, de Santa Cruz de la Sierra. Nos reciben con gozo los hermanos de hábito. El P. Eugenio, de 90 años, abraza con gozo fraterno a Monseñor Braulio, han compartido muchas cosas y se vuelven a ver después de medio año. La casa es hermosa, muy hermosa, realizada con gusto. Se asemeja a las misiones jesuíticas de la Chiquitanía... Conozco por vez primera a dos frailes: uno paraguayo, el P. Flaminio, que es el superior y fr. Fidel, que es boliviano de Santa Cruz. Noto desde el primer momento la fraternidad carmelitana de todos los hermanos de hábito. Este primer día lo dedico a descansar después del trajín del viaje transoceánico.

Al día siguiente acompaño a Braulio a la casa arzobispal de Santa Cruz. El tráfico es grande y tenemos que dar algún rodeo para poder llegar a nuestro destino. Hay alguna calle cortada por los camioneros, que están hartos de hacer colas para llenar sus vacíos depósitos de combustible. Entramos en la casa donde están las oficinas del arzobispado. La gente saluda con inmenso cariño a Monseñor Braulio. Besos, abrazos, palabras hondas... soy un fiel testigo de ello. Es para sentirse muy orgulloso de tener un hermano que es obispo y pastor y que es muy querido por el pueblo. Pasamos a saludar al arzobispo y al obispo auxiliar. También están el arzobispo emérito y Braulio. Cuatro obispos de nacionalidades diversas: boliviano, polaco, italiano y español. Reina una bella armonía entre ellos. De países diversos, pero atrapados por un ideal: ser pastores del Pueblo de Dios que camina en la archidiócesis de Santa Cruz de la Sierra. Los obispos van sin sus trajes episcopales, solo llevan su anillo pastoral. Nada más. No necesitan demostrar que son obispos, lo son sin filigranas... Entro, saludo a todos y me dicen que me siente un rato con ellos. Pregunto que dónde y me responden: donde más cómodo esté, padrecito. Hablamos un breve tiempo. Les cuento que vengo a dar un curso en Cochabamba a las Carmelitas Descalzas de Bolivia. Me preguntan, les pregunto y nos despedimos. Me doy un paseo por Santa Cruz y me dedico a ver la Catedral y el Museo. Viendo la portada se me acerca una muchacha que me ofrece perfumes. Me pregunta si soy español. Le digo que sí. Me asegura que tengo un acento muy bonito y yo le digo que el suyo también lo es. Hablamos el mismo idioma de forma distinta. Le aseguro que su modo de hablar es también muy bello. Sonríe y entro en la Catedral. Edificio colonial de finales del siglo XIX y que se concluyó en pleno siglo XX. La portada es de ladrillo con dos grandes torres. Tiene tres naves y en un altar lateral está el llamado Cristo de los Milagros. Veo que la gente reza delante de él. Siempre hay alguien arrodillado delante de la milagrosa imagen. Entro al museo, la señora que está a la entrada me pregunta. Le digo que soy sacerdote y que he venido con Monseñor Braulio. Me pregunta por él con mucho cariño. Me explica por encima el museo. Y lo veo con mucho detenimiento. Me dice que está lleno de obras coloniales y de la Chiquitanía, de las antiguas reducciones jesuíticas. Es hermoso, pero las obras están muy apelotonadas. Me dice que no se pueden hacer fotos... En el piso alto veo una Virgen del Carmen, colonial y preciosa y no resisto la tentación y hago una foto. Dios me perdone. Salgo y voy a ver la torre y me encaramo a lo más alto de ella. Se ve el panorama de Santa Cruz con sus edificios modernos a lo lejos. La vista es bonita. Me doy un paseo por el pequeño casco histórico. Y volvemos a nuestro convento.

Por la tarde, me han buscado quien me lleve a la Chiquitanía: San Javier y Concepción, sede episcopal. Me alegro en lo más hondo. Es un sueño que por fin voy a cumplir; visitar las antiguas misiones de los Jesuitas, que abarcaban parte de las actuales naciones de Bolivia, Brasil, Paraguay y el norte de Argentina. Quería ver estos lugares desde que siendo un joven vi la película *La Misión*, protagonizada por los actores: Jeremy Irons y Robert de Niro, con música del Maestro Morricone. Estoy feliz, voy a poder cumplir un sueño.

El 14 de noviembre, día de todos los santos del Carmelo, he quedado con la Sra. Nancy a las 5,30 de la mañana para visitar las Misiones Jesuíticas. A la hora acordada me recoge. Vamos a buscar al chófer y a un padre pasionista colombiano. E iniciamos el viaje. Me sorprende la vegetación exuberante, las grandes fincas, el ganado… y la carretera, casi siempre asfaltada, pero con más de 40 kilómetros de tierra. El chófer, Ronny, conduce bastante rápido el auto. Pasamos un gran panel que nos dice que ya estamos en la Chiquitanía. Y al poco, un ruido extraño en la movilidad… hemos pinchado. Paramos y… a cambiar la rueda. Nos detenemos en un pueblo, desayunamos y llenamos los depósitos, el nuestro y el del coche. Paramos en un gomero, que así se llama en Bolivia a los mecánicos, que arreglan las ruedas. Estamos un buen rato hasta que nos componen y colocan la rueda. Regalo al señor una estampa de santa Teresa y le doy la bendición. Y seguimos y, por fin, llegamos a San Javier. Dejamos el coche y veo de lejos la Misión. Me emociono. El lugar es más bello de lo que pensaba. Es la iglesia, convento y pueblo mejor conservado de todas las misiones que tuvieron los Jesuitas por estos lares. Entramos y vemos un grupo de personas que realizan artesanía e instrumentos musicales. Hay un anciano que manipula una especia de flauta travesera. Me sonríe, le dicen que soy padrecito y comienza a tocar su flauta. Me imagino la bella música de Morricone y me emociono en lo más profundo de mi ser… Veo la preciosa y sencilla iglesia de madera. Paso al claustro jesuítico y se nos acerca el P. Thomas, un joven sacerdote polaco que es el párroco de San Javier. Nos saludamos y comienza a enseñarnos la Misión. Va con él un perro lobo blanco. Se llama Lobo. Es muy bonito y su amo le habla siempre en polaco, así no olvida su lengua materna... Thomas nos enseña el museo, el convento y la iglesia. Sus explicaciones son precisas y documentadas. Disfruto. Me asegura que es la Misión Jesuítica mejor conservada de todas y que ha sido muy bien restaurada. Es un buen anfitrión y nos invita a un café. El lugar es maravilloso y gozo en lo más profundo de mi ser por admirar semejante belleza y por Thomas, que se desvive por nosotros. Es un placer tener hermanos sacerdotes que te hagan sentir eso, la fraternidad sacerdotal.

Continuamos viaje. Ahora vamos a Concepción la capital de este departamento y de la Chiquitanía. La carretera tiene muchas curvas. El paisaje es de selva, hace mucho calor y mucha humedad. Las tarántulas, enormes, cruzan la carretera. Llegamos a Concepción. Me escapo y hago unas bellas fotos a la portada de la Catedral. Comemos en una especie de fonda: caldo de maní y pollo criollo. Está todo bueno. La Sra. Nancy se preocupa por mí, para que no beba agua... por si las moscas, y me trae una fanta embotellada. Mi organismo puede que no digiera bien el agua sin tratar... Seguimos llamando por teléfono al párroco de la Catedral, boliviano, y que pasó de nosotros y no se hizo presente. Dios le pague su amabilidad. Vamos a ver la Iglesia de María Auxiliadora. En ella fue párroco el P. Thomas, y ahora lo es el P. Juan, sacerdote polaco también. Es una iglesia moderna inspirada en las iglesias jesuíticas y realizada por el arquitecto exjesuita suizo Hans Rhot, que fue el que restauró muchos de los templos jesuíticos de la Chiquitanía. Tiene un jardín bíblico, en que por medio de esculturas y pequeñas construcciones explica la historia de la salvación. Ideada por el P. Thomas, es una preciosa catequesis bíblica. Después de ver esta maravillosa obra, el P. Juan charla conmigo. Me cuenta sus afanes y desvelos misioneros. Es, o al menos me lo parece, un hombre entregado al Evangelio de Jesucristo. Me cuenta como confidencia que lo que peor lleva es el saber que ocho de cada diez niñas ha sufrido abusos sexuales por parte de algún miembro de su propia familia. Se indigna y me asegura que es muy difícil acabar con esta lacra... Me indigno con él y pienso en el otrora Presidente del Estado Plurinacional de Bolivia.

Nos despedimos del P. Juan. Nos acercamos a la Catedral del Vicariato Apostólico Ñuflo de Chaves (fue creado el 13 de diciembre de 1951). Llamamos al párroco bastantes veces, no nos coge el teléfono, vamos: que pasa olímpicamente de nosotros. Curioso es que los dos misioneros polacos nos atiendan con cariño y delicadeza: en cambio, el curita camba y párroco de la Catedral, no quiere saber nada de nosotros... En fin, su conciencia sabrá porqué actuó así. Vemos el abigarrado museo que tienen. Lleno de obras de arte, mal colocadas y fáciles de robar... Y percibimos la labor realizada por el arquitecto suizo antes nombrado. Entramos en las dependencias eclesiales, por lo que fuera parte del convento jesuítico, luego franciscano y posteriormente diocesano. Todo es parecido a San Javier, pero con una restauración más profunda y más invasiva. Es también un lugar hermoso que nos habla de la actividad evangelizadora de los PP. Jesuitas.

Ponemos rumbo a Santa Cruz de la Sierra. Son más de tres horas el viaje de vuelta. En San Javier volvemos a pinchar. Tenemos que llevar el auto al gomero. Y esperar... Y nos acercamos a una casa. Y una mujer nos sirve un café y nos trae unas pastas. Estamos delante de su casa y nos sirve como si nos conociera de toda la vida. Nos da lo que tiene, y apenas nos cobra nada. Yo pensativo. Este detalle me muestra el de un pueblo que fue evangelizado por los Jesuitas desde el compartir todo. Me alegro en mi interior porque creo que esa huella indeleble queda en los habitantes de San Javier…

Llego a casa. Ha sido un día precioso. No lo olvidaré nunca. He cumplido un sueño de mi primera juventud. Gracias a Monseñor Braulio y la Sra. Nancy, he sido feliz, muy feliz. De esos días de cosquillas en el estómago y piel de gallina, de oca, dicen los italianos más finamente. Los Pacos (policías) nos pararon. Pidieron la documentación. Todo correcto, observan a los de atrás, todo más que correcto. Nos desean buen viaje… Yo no abrí la boca, en cuanto notan mi acento de conquistador, a pedir platita… Y encima, no llevaba el pasaporte… Lo mejor en estos casos es boca cerrada y mirada al infinito.

Día 15 de noviembre. Hoy es el día en que la Orden celebra la conmemoración de todos los fieles difuntos. Acompaño al hermano Fidel al aeropuerto de Santa Cruz de la Sierra. Llega Nuestro P. General acompañado del P. Carlos Medina, vicario de esta circunscripción de la Orden (Bolivia, Paraguay y Uruguay). Nos ven los dos visitantes, y perplejo me dice el P. Miguel Márquez: *¿Qué haces aquí, Óscar?* Le respondo entre risas que he venido desde España a recibirlo. Más carcajadas y le comento que he venido a dar un curso de Historia de la Orden a nuestras monjas. Él aprovecha para comprar una tarjeta de telefonía. Hago lo mismo, después de tres días en Bolivia. Sin querer, o conchabados con la telefonía boliviana, mi compañía de Vodafone me pasa una minuta de 500 euros por los datos que he usado en Bolivia durante tres días. No he llamado ni me han llamado, pero tienen la cara los de Vodafone y la compañía telefónica de Bolivia de exigirme 500 euros por el tráfico de datos, el maldito roaming: «que es el servicio activado por defecto en tu línea móvil que te permite utilizar tu teléfono móvil en el extranjero: hacer y recibir llamadas, navegar por Internet, enviar y recibir mensajes y usar aplicaciones». Ni me llamaron ni llamé en esos tres días, pero me cobran el susodicho servicio. Todo por no apagar los datos móviles... una aplicación que viene en mi teléfono y de la que desconocía su funcionamiento. El mundo de las empresas está hecho para engañar a los pobres consumidores. Aunque tú no conozcas la norma, ellos sí y aplican la factura correspondiente. Son unos ladrones...

Llegamos al convento de Santa Cruz. Todos nos esperaban. Yo dedico la tarde al *dolce non fare niente*. Entre el cambio horario y demás... me siento agotado y me dedico sólo a eso, a meditar y a estar tranquilo. Es una tarde relajada.

El día 16 es el gran día para fray Fidel, será ordenado sacerdote en la catedral de Santa Cruz de la Sierra. Después de comer todos salimos para celebrar un evento tan importante para la Orden del Carmen descalzo que peregrina en Bolivia. Fidel es boliviano y además es camba, así se llama a los naturales de este departamento. Los naturales del altiplano boliviano son los llamados collas. Para ordenar presbítero a Fidel ha venido mayormente Mons. Braulio Sáez a Santa Cruz. La ordenación fue una celebración sencilla y hermosa en una catedral llena en su nave central. Había muchos padres carmelitas bolivianos y paraguayos y algún que otro español. Además del obispo y del P. General, estábamos el P. Eugenio, un servidor y el Definidor General por América Latina, mejicano criado en EE. UU. y con pasaporte español. Había numerosos sacerdotes bolivianos. Para mí fue un día emocionante. Fidel tiene 29 años, los mismos que llevo yo de sacerdote, y fue ordenado por el mismo obispo que me impuso a mí las manos. Reviví mi ordenación sacerdotal. Alguna lagrimilla resbaló por mi severo rostro... Recordaba la inocencia que tenía el día que fui ordenado. La emoción con que sentí las manos de tantos sacerdotes en mi cabeza. Los nervios, la unción con el crisma, la sonrisa siempre tranquilizadora de Braulio. Todo ello lo reviví con emoción en la persona de Fidel. El canto de las letanías fue precioso y todo un sacrificio, pues mis rodillas sufrieron el peso infame de mi cuerpo (estuve más de una semana con un fuerte dolor en dichas articulaciones). Y llegó el momento más importante, la imposición de manos del obispo sobre el nuevo sacerdote, símbolo de la efusión del Espíritu Santo sobre Fidel. Primero impone las manos el obispo, después el P. General, y sin yo quererlo, el tercero en discordia fue este servidor. Posé mis manos con delicadeza sobre la cabeza del ya Padre Fidel y recé para que fuera sacerdote para siempre, –que ya lo era–, pero pedí para que nunca deje este ministerio. La celebración fue sencilla y honda. Las dos horas se me pasaron con mucha rapidez. Al final, el P. General tuvo unas bellas palabras. Agradeció en vida a Mons. Braulio su ser obispo carmelita en Bolivia. Recordó su paso por Oruro y luego como obispo auxiliar de Santa Cruz. (Braulio contaba sonriendo que el Nuncio que tuvo que aceptar su renuncia como obispo titular de Oruro, no entendía que Braulio sólo quisiera ser obispo auxiliar, le hacía ver que parecía que le estaban degradando… Braulio se reía y decía que él pasaba de prelacías, sólo quería seguir siendo obispo carmelita… Él tiene mucha «culpa» de nuestra fundación de Santa Cruz de la Sierra…). Miguel hizo una alabanza y homenaje en vida de Braulio. Nos vino a decir que él, como General estaba muy orgulloso de Braulio, como obispo y pastor carmelita, que había hecho mucho bien en Bolivia y que de corazón se lo agradecía. Toda la gente asentía las palabras del General. Braulio sonreía, henchido de emoción. Los homenajes, como este, mejor en vida… y luego habló el P. Fidel. Muy sencillas y profundas sus palabras. Nos habló de su miedo a ser sacerdote y de su disposición a ser un buen sacerdote carmelita. Con un atronador aplauso terminó la celebración. Luego fue el besamanos, de tantas y tantas personas que besan, no las manos del nuevo sacerdote, que también, sino las de Cristo Sumo y Eterno Sacerdote. Terminamos el día con un ágape fraterno en los salones de una parroquia cercana a la Catedral.

Y llegó el día 17, día para volar a Cochabamba. Hasta esta ciudad fuimos la denominada comitiva del P. General, formada por el Prepósito de la Orden, el P. Definidor General, fray Martín Martínez Larios; el P. Vicario, Carlos Medina y un servidor. Llegamos a la hora convenida y un grupo de personas del Carmelo Seglar de Cochabamba nos esperaba en el aeropuerto. Con ellos una niña pequeña ataviada con el traje típico cochabambino y una flor que nos regaló a cada fraile. Gesto hondo, sencillo y bonito a la vez. Llegamos a san Antonio, a la parroquia de la llamada *Cancha*. Seguía igual que hace 22 años, pero más nutrida de gente y vendedores, apenas se divisaba la fachada... El convento parecía otro, restaurado con mimo y gusto. Por la tarde el P. General y el Definidor hablaron con el Carmelo seglar, e hicieron que el Vicario y yo estuviéramos presentes. Al final, en poco menos de quince minutos, hablé sobre la Beata Ana de Jesús, mi último libro. El P. General ensalzó mi brevedad y mi capacidad de mostrar esta figura de la Orden. Está bien eso de que te alaben por tus palabras... Luego vino la Misa y después el compartir un poco con la gente de la parroquia.

El día siguiente era la celebración grande de los 50 años de la Federación de las Carmelitas Descalzas de Bolivia. El día comienza con una celebración eucarística en el templo de santa Teresa de las Madres Carmelitas de Cochabamba. Voy a concelebrar con el P. Vicario. Al final me enreda y me dejo enredar y acabo presidiendo la celebración a las 7,30 horas. Antes caminamos unos veinte minutos desde la Cancha hasta las Madres. Respiro el aire de los más de 2.500 metros de altitud y la algarabía de una ciudad que está despertando. Presido y predico a las madres carmelitas, siempre ávidas de palabras. Después de la Eucaristía van llegando el P. General, el Definidor y demás frailes. Desayunamos con todas las Carmelitas Descalzas que han venido a celebrar el evento de las Bodas de Oro de la Federación. Hay mucha fraternidad. El foco de atención es el P. General y sus palabras. Después visitamos el Museo Monacal de las monjas. La iglesia es de finales del siglo XVIII y es una copia inconclusa de *San Carlino alle quattro fontane*, obra que es de Borromini y que en Cochabamba quedó sin terminar... Sólo por este hecho merece ser visitado el museo e iglesia. Nos explica el museo un guía. Al *cicerone* le dicen que soy un historiador de la Orden. Se pone nervioso. Le tranquilizo y le hago ver que del museo entiende y sabe mucho más que yo... Está lleno de obras de época colonial. Una maravilla para los sentidos que se completa con la visita a los tejados de la iglesia. Desde ahí se puede vislumbrar la planta polilobulada de la primitiva iglesia que se cayó por el gran peso de la cúpula... Las Madres supieron crear un edificio cercano al antiguo monasterio e iglesia y han convertido la parte antigua en un bello museo, comparable al que las mismas Carmelitas tienen en Potosí.

Almorzamos en el claustro del monasterio. Frailes, monjas y personas seglares. Hay un ambiente de fiesta y de regocijo. Luego, la misa presidida por el P. Prepósito General y concelebrada por varios carmelitas. Culminamos el día con un concierto y unos bailes típicos de Bolivia. Canciones interpretadas por unos jóvenes de un conservatorio. Letras de santa Teresa con música de orquesta. Luego nos deleitan con la inconfundible música boliviana, con sus típicos instrumentos: zampoñas, charangos, quenas... Precioso todo. Vuelvo a nuestra parroquia de san Antonio en un taxi, que no nos quería llevar... pues siempre hay «atrancaderas». Al fin llego con un fraile paraguayo.

El martes 19 comienzo el curso de Historia de la Orden. Antes habían llegado a mis castos oídos palabras críticas... Algunos frailes pensaban que lo de la historia estaba fuera de lugar, que mejor hubiera sido que les mostraran otras ciencias más profundas. Algunas monjas pensaban igual... Yo sonreía. Me vienen a buscar las monjas a san Antonio. El medio de transporte es una especie de microbús. Me montó en él y nos dirigimos a las afueras de la ciudad, a una casa de retiro de los Hermanos de la Salle. El lugar es sencillo y lindo. Me encomiendan tres charlas, dos por la mañana y una por la tarde; la eucaristía, con su homilía pertinente, y confesar y dialogar con las Madres Carmelitas que deseen hablar conmigo. Les hablo en estos seis días de la Beata Ana de Jesús, de la importancia de la Historia, de la Historia de la Orden desde los orígenes hasta nuestros días, de los archivos monacales y, por último, de la Historia del Carmen Descalzo en Bolivia. Hay días que hablo casi 90 minutos en cada charla... Estoy a gusto y veo que las Madres me prestan mucha atención y se divierten. Hay alguna, es normal, que asiente repetidas veces... y la cabeza acaba venciendo su propio peso. Gozo con la historia y las hago disfrutar... al menos eso me dicen el último día. Lo corrobora el P. General y el asistente de las Monjas en Bolivia, P. Armando. Termino el domingo 24 feliz y exhausto a partes iguales. Me siento como pez en el agua hablando de historia y celebrando los sacramentos para mis hermanas carmelitas descalzas. No hay nada mejor en esta vida que encontrar el lugar y la vocación que a uno le llena por dentro.

Volvemos a la parroquia de san Antonio. Se quedan conmigo dos carmelitas descalzas que me quieren comprar unos detalles para mí. Acepto, pero prefiero que los regalos sean para mi madre y mi hermana. La cancha está cerrando. Tenemos que agarrar un taxi e ir a otro sitio dónde hay mucha gente, y se vende de todo un poco: comida, bebida y artesanía... menos mal. La escena es cuando menos pintoresca: dos hermanas con sus hábitos, una aspirante a carmelita seglar y un servidor. Recorremos todos los puestos hasta que encontramos unas bonitas mantillas. Regatean con la vendedora, caserita y, al final, las compran. Son bonitas y han de gustar a mi madre y hermana. En el camino un padre me pide que bendiga a su hija. Lo hago. Al volver el mismo padre me dice que bendiga a su otra hija, que tiene el demonio dentro, eso me dice el progenitor. Bendigo y signo a la muchacha. El padre me dice si le he sacado al demonio. Respondo con una gran sonrisa que no lo sé... pero le aseguro que el demonio se viene conmigo... Duermo en el convento de san Antonio.

Al día siguiente me llevan al aeropuerto de Cochabamba. Paso el control, casi pierdo el pasaporte. Menos mal que un alma caritativa me lo acercó. Me acomodo para esperar el vuelo. Nos informan que saldremos con hora y media de retraso. Hay un descontento general que se manifiesta por medio de gritos y aspavientos. Paseo y paseo. Al fin embarcamos y después de unos 50 minutos aterrizamos en Santa Cruz de la Sierra. Menos mal que me están esperando. Hace mucho calor, unos 36 grados. Y llego justo para almorzar. Me preguntan tanto Mons. Braulio como el P. Eugenio por el curso, por la asamblea de los frailes, por las Bodas de Oro de la Federación.

Por la tarde celebro la Eucaristía con sacerdote español de Murcia y dos seminaristas diáconos que se ordenarán el 13 de diciembre. Había pensado no ir... Pero ya que era mi último día que mejor que dar gracias a Dios celebrando la Eucaristía. Eso sí, no me revestí. Celebré de paisano. Había también una religiosa brasileña. El P. Pepe Cervantes nos dijo unas bellas palabras, tan bellas que no las recuerdo. Y me animé a hablar. Les dije que fueran sacerdotes para siempre. Que a mí me ordenó un obispo español, pero que era titular de Oruro. Les vine a decir que tenía algo de boliviano por ello. Se reían y luego les dije dos intimidades que siempre me han ayudado en mi vida sacerdotal. La primera es la oración que hacemos los sacerdotes antes de comulgar y que termina con esta frase: «... y jamás permitas que me separe de ti». La segunda era el gesto de la fracción del pan, un Cristo que se parte, que se nos da... Y eso es ser sacerdote partirse por los demás. Partirse el espinazo por anunciar el Reino de Dios. Y darse sin límites a todos. Si cumplimos esos dos objetivos, seremos felices. Partirse y repartirse.

Cenamos y cada mochuelo a su olivo. Preparé la maleta y aseguré lo mejor que pude los regalos que Braulio me había dado. Siempre agradeceré los bellos recuerdos que me dio. Al día siguiente Braulio me acompaña en un taxi al aeropuerto. Llevo una maleta cargada de sus libros y documentos más preciados. En el aeropuerto tomamos un refresco y después de dejar las maletas, me despido con fuerte abrazo fraterno de Braulio. Entro, me sellan el pasaporte y a esperar. Compro algún regalo y a seguir esperando... En la vida siempre estamos con esa actitud. Se hacen tres colas muy grandes. Yo sigo sentado y cuando ya está para terminar me incorporo y me embarco. Antes de entrar en el avión, un perro «policía» husmea todas las pertenencias de los pasajeros. No olfatea nada raro y al final entramos. El avión, lleno a rebosar. La gente apelotonada en asientos que no tienen la distancia mínima. Once horas de incomodidad absoluta. Veo tres películas, no duermo ni un poco. Estoy feliz y contento. Volví a Bolivia y han sido unos días especiales y maravillosos para mí. Gracias Señor, por tanto.

EPÍLOGO

Tengo más anécdotas, muchas más. Imagino que como la de todos lectores que hayan llegado hasta aquí, hasta el fin, por ahora, del libro de mi vida. Ésta, la vida, es lo más maravilloso que Dios nos ha dado. Vivir es lo más hermoso que nos puede pasar, y vivir con todo lo que nos ha ido ocurriendo. Llorar, reír, acariciar, perdonar, celebrar, sufrir, esforzarse, luchar, sentir… hay tantos verbos para describir tantos momentos de nuestras vidas.

Los seres humanos somos capaces de lo mejor y de lo peor. Somos seres imperfectos con ansias de eternidad. Peregrinos en un mundo lleno de peligros y también de satisfacciones. Desde niño me cautivó Jesús de Nazaret. Tuve la suerte de conocer aquel lugar y el de su Madre María, también de Nazaret. Revivo con honda emoción la sabatina que rezaba, antes de ir al seminario, con el grupo scout católico, *Castores,* de la parroquia de la Anunciación de Burgos. Recuerdo mis promesas infantiles en el Seminario. Yo cantaba con devoción la Salve a la Virgen del Carmen, a condición de que ella me ayudara a meter algún gol… Pocas veces me echó el capote la buena de la Virgen María. O sí. Y me enseñó a perseguir siempre mis sueños, siguiendo los valores del Reino.

Ahora con menos pelo, más gordo y con el pelo muy canoso, puedo dar gracias a Dios por el don de la vida. Por mis hermanos, que ya no están aquí conmigo, pero que los siento muy cercanos. Mi hermano Juan Alberto, a quién dediqué un libro de historia de una localidad de Burgos, Palazuelos de Muñó, y en la dedicatoria afirmaba: *todos tenemos un lugar en la historia*. Y a Marta, hubiera dado mi vida por la suya, pero eso no se puede… Siempre me quedará todo lo vivido con ella y nuestro mutuo amor. Amor del bueno, del de verdad.

También tengo mucho que agradecer a tantos hermanos de hábito, no sólo españoles sino también de otras latitudes del mundo. No pongo el nombre de ningún hermano religioso. De todos he aprendido, tanto de lo bueno, como de lo malo; de esto último, para intentar no ser así.

Y para ir terminado, creo que lo más bello de mi vida es mi madre. Ella es la mujer fiel, hacendosa, paciente, religiosa, resignada… [Me faltan adjetivos para describir a tan buena mujer]. Ella es una imagen casi perfecta de un Dios que es amor. De un Dios que es Dios y, por lo tanto, es Padre y Madre.

Y nada más, un gusto compartir mi vida con mis mal enhebradas vivencias que he tratado de transmitir en estas palabras que doy ya por concluidas. Vale.